Christoph Hetzenecker

Die Kraft Deiner Komfortzone

Dieses Buch dient ausschließlich Informations- und Bildungszwecken. Die Inhalte spiegeln die persönliche Meinung des Autors wider und sind nicht als professionelle Beratung in medizinischen, psychologischen, rechtlichen oder finanziellen Belangen zu verstehen. Die Anwendung der im Buch beschriebenen Techniken und Ansichten erfolgt auf eigene Verantwortung des Lesers. Autor und Herausgeber übernehmen keine Haftung für Schäden oder Konsequenzen, die aus der Nutzung der Informationen entstehen könnten.

Umschlaggestaltung: © Christoph Hetzenecker

Verantwortlich:
Wave of Joy LLC
7901 4th St N, Ste 300
Saint Petersburg, Florida 33702, USA

Besuchen Sie **www.christoph-hetzenecker.com**
für mehr Informationen über den Autor.

1. Auflage 2024

Printed by Amazon

ISBN 978-3-00-080826-5

CHRISTOPH HETZENECKER

DIE KRAFT DEINER *Komfortzone*

...UND WARUM ES JETZT ZEIT IST, SIE ENDLICH ZU **BETRETEN.**

Gewidmet meinem Vater, Robert Hetzenecker,
einer der mutigsten Seelen, die mir je begegnet sind.
Du hast mir die Wichtigkeit des Wohlbefindens gezeigt
und mir ermöglicht, der zu werden, der ich bin.

Danksagung

Von Herzen danken möchte ich meiner wundervollen Frau, Theresa, die mich immer weiter motiviert hat, dieses Buch zu schreiben und auch seine hilfreichste und kritischste Testleserin war. Ohne Dich würde es dieses Buch nicht geben. Danke für Deine Weisheit, Deine Liebe, Deine Fähigkeit, das Potenzial in allem zu sehen. Danke für Dein Sein und Wirken an meiner Seite! Du bist ein Wunder!

INHALT

„Wellbeing is the dominant basis of all that is.
Of the universe and of the physical planet
upon which you now stand.“

— Abraham Hicks

Vorwort
Zeig der Welt die Welt durch deine Augen!

Im April 2022 schlenderte ich genussvoll durch den Dschungel Mexikos. Goldenes Licht streichelte die Stämme der Ceiba Bäume und die Blätter der Palmettos. Die Stimmung kann man nur als mystisch und voll liebevollem Zauber beschreiben. Ich ließ meinen Blick über die dichte, lebendige Vegetation schweifen und spürte eine starke Verbindung zu diesem fühlenden, atmenden Wesen, dem Spirit des Dschungels. Aus dieser freudvollen und tiefen Verbindung heraus fragte ich ihn: „Hast du eine Botschaft für mich?“ Und die Antwort kam prompt. Die Spirits des Dschungels richteten meine Aufmerksamkeit auf meine Wahrnehmung. Die Farben, das Gold, das mystische Licht wurden plötzlich noch verstärkt und sie sagten mir: „Zeig der Welt die Welt durch Deine Augen!“

Wow! Voller Dankbarkeit und Rührung blieb ich stehen und sah mich um. Mir wurde klar: Mein individueller Blick auf diese Welt, die Freude, die Wertschätzung, die Liebe und Bezauberung, die ich wahrnehme und die sie mir schenkt, sind etwas einzigartiges, etwas, das nur ich individuell genau so erlebe, und etwas, das andere inspirieren und für sie von großem Wert sein könnte! In diesem Moment erkannte ich einmal mehr, wie wichtig es ist, dass wir ganz unseren Impulsen vertrauen, auf unser Herz hören und unsere individuelle Komfortzone finden und betreten. Schließlich war ich nur deshalb genau jetzt genau hier im Dschungel Yucatans, weil ich all das getan hatte und schon seit längerem ein Leben *in* meiner Komfortzone führte!

Zunächst ist ein Leben in unserer wahren Komfortzone natürlich von besonders großem Wert für uns selbst, unser eigenes Wohlbefinden und zur Erschaffung unseres eigenen, großartigsten Lebens. Warum das so ist und wie genau man das anstellt, darum wird es in diesem Buch gehen. Zum anderen, so wurde mir klar, ist es dann aber auch möglich und vielleicht sogar eine Art innere Notwendigkeit, in dem Wohlbefinden unserer individuellen Komfortzone so hell zu strahlen, dass wir wie Leuchttürme mit dem Fühlen und Wahrnehmen unserer Welt auch die Welt der anderen um einige kraftvolle Lichtstrahlen reicher machen!

Und genau das möchte ich mit diesem Buch tun! Ich möchte Dir, lieber Leser, liebe Leserin die Welt durch meine Augen zeigen: die grenzenlosen Möglichkeiten der Freude und Leichtigkeit, die Macht Deines göttlichen Schöpfertums und die große Kraft und Schönheit eines Lebens *in* Deiner Komfortzone! Spätestens nach der Lektüre dieses Buches wirst Du verstehen, wovon ich hier spreche, und Deine Welt wird eine andere sein.

Und so lade ich Dich ein: Betritt auch Du Deine wahre Komfortzone und zeige so der Welt die Welt durch Deine Augen! Es ist Zeit! Jetzt.

Christoph Hetzenecker
Kaua'i, 25.09.2023

Kapitel 1
Ein Blick hinter den Schleier

Herzlich willkommen! Ich freue mich so sehr, dass du dieses Buch aufgeschlagen hast! Es wird dich in die Lage versetzen, dich selbst und die Welt in einer Weise zu erleben, von der du schon lange tief in dir weißt, dass es sie gibt, zu der dir aber der Zugang bislang vermutlich verwehrt war. Ich freue mich sehr, dass ich dir dabei helfen darf, all den Ballast und das Gerümpel wegzuräumen, das bisher zwischen dir und *deiner* Welt stand.

Zu Beginn möchte ich dich herzlich einladen zu einem kleinen (oder je nachdem, wie man es sieht, auch recht großen) Gedankenexperiment. Ich möchte dich bitten, dich einmal auf folgende Sichtweise einzulassen und dich in die folgende Situation einzufühlen:

Du, ja genau du, bist ein vollkommenes, göttliches Wesen, das aus der brillantesten, liebevollsten, strahlendsten Energie besteht, die du dir vorstellen kannst! Als dieses Wesen befindest du dich in einem Raum ohne Grenzen und ohne Zeit. Du nimmst fortwährend die große Liebe und Freude wahr, die du bist, deren Teil du bist, die von dir ausgeht und zu dir zurückfließt. Alles ist möglich, weil alles schon da ist.

Dir ist bewusst, dass du als dieses unendliche, ewige und grenzenlos machtvolle Wesen selbstverständlich auch die Möglichkeit hast, dich zu verdichten und eine weniger feinstoffliche, mehr materielle Erfahrung zu machen. Natürlich hast du diese Möglichkeit, denn du bist ja unendlich machtvoll! Und: du hast von dieser Möglichkeit auch schon unzählige Male Gebrauch gemacht und dich „verkörpert", in ganz unterschiedlichen Welten, an ganz unterschiedlichen Punkten des Raum-Zeit-Kontinuums, zu dem sich dein Erfahrungsraum verdichten kann, wenn du es wählst. Diese Raum-Zeit-Punkte könnte man aus räumlicher Sicht beispielsweise Planeten und aus zeitlicher zum Beispiel Epochen nennen. So viele davon hast du in mal mehr und mal weniger dichter, aber doch immer materieller Form bereits erleben dürfen. Und was waren diese Erfahrungen jedes Mal für Abenteuer!

Doch nun, nachdem du so unzählig viele dieser Ausflüge bereits absolviert hast und jedes Mal noch strahlender und brillanter daraus in deine ursprüngliche energetische Natur zurückgekehrt bist, ja nun ist es eigentlich etwas langweilig (oder jedenfalls nicht mehr unbedingt notwendig) geworden, noch einmal ein solches Abenteuer anzutreten…

Und doch… ja… doch regt sich in dir ganz neckisch und voller freudvollem Tatendrang ein Wunsch… ja! Der Wunsch, ein weiteres Abenteuer in der Materie zu erleben! Eines, das die bisherigen weit in den Schatten stellen wird! Eines, das so großartig und faszinierend sein wird, wie es nur ein unendliches Schöpferwesen wie du kreieren kann. Und zwar weil du dieses mal deine unbegrenzten schöpferischen Fähigkeiten als Energiewesen vollständig auch in die materiell verdichtete Form mitnehmen wirst! Ja tatsächlich! Und du wirst sie einsetzen, um eine ganz neue Erfahrung zu machen, ein ganz neues Spiel zu spielen: die vollkommene Verkörperung dessen, was du wirklich bist, deiner strahlenden, brillanten, freudvollen, göttlichen Essenz - in materieller Form! Was für eine verwegene Idee! Das gab es so noch nie! Ja, das ist ein großartiger Plan! Und den richtigen Punkt im Raum-Zeit-Kontinuum weißt du auch schon dafür. Denn welcher Planet wäre wohl besser für dieses Vorhaben geeignet als jene strahlend blaue Kugel in der Milchstraße, auf der es so viel Schönheit und Liebe und zugleich so viele künstlich geschaffene Begrenzungen und Schwere gibt: die Erde! Und zwar zu einem Zeitpunkt, der wie geschaffen ist, dieses völlig neue Spiel zu beginnen: die große Zeitenwende zu Beginn des 21. Jahrhunderts! Ja, es ist beschlossen! Du wirst wieder einmal auf die Erde gehen! Und dieses Mal nur deshalb, weil es an der Zeit ist, dort etwas ganz Neues zu kreieren, eine Erfahrung der Freude, der Leichtigkeit und vollkommenen schöpferischen Freiheit in Liebe! Ja! Das wird eine große Sache!

Und so hast du dich auf den Weg gemacht… Hierher an genau diesen Punkt im Raum-Zeit-Kontinuum, an dem du jetzt bist, wo du vielleicht zuhause auf dem

Sofa oder in einer Hängematte liegst und dieses Buch liest. Du, ja du, dieses unendlich freudvolle, machtvolle und brillant strahlende göttliche Wesen, das du bist!

Wenn du jetzt denkst: „Was hat der denn bitte geraucht?!“, dann leg das Buch besser jetzt weg, denn es wird dich vermutlich nur langweilen. Solltest du nach der Lektüre der zurückliegenden Seiten aber ein aufgeregtes Kribbeln in deinem Körper verspüren, so lade ich dich herzlich ein, weiterzulesen, und beglückwünsche dich zu deiner Entscheidung! Nein, ich meine nicht in erster Linie die Entscheidung, dieses Buch zu lesen. Die natürlich auch. Ich meine vor allem deine Entscheidung, jetzt in dieser Zeit hierher auf die Erde zu kommen, um ein vollkommen *neues* Spiel zu spielen, eine völlig neue, Wunder-volle Erfahrung zu machen! Denn höchstwahrscheinlich ist genau das auf Seelenebene dein Plan, wenn dieses Buch zu dir gekommen ist und du bis hierher gelesen hast. Ich beglückwünsche dich und heiße dich herzlich willkommen in einer Welt voller Wunder!

Das ist sie nämlich in dem Moment, wo wir erkannt haben, wer wir wirklich sind und mit welcher Intention wir dieses Erlebnis hier auf der Erde gewählt haben. Warum ich das weiß? Weil es meiner eigenen Erfahrung entspricht! Überhaupt entspringt alles, was ich in diesem Buch schreibe, natürlich und ausschließlich meiner eigenen Erfahrung und ist geprägt von meiner ganz individuellen „Wirklichkeitsschicht“, die ich erschaffen habe und in jedem Augenblick weiter erschaffe. Das führt uns gleich zu einem sehr wichtigen Punkt unserer gemeinsamen Reise, den ich ganz klar machen möchte: **Die Welt ist immer und ausschließlich das, wofür du sie hältst und wozu du sie machst!** Wie sollte es auch anders sein für ein göttliches, unendlich mächtiges Wesen wie dich? Der Clou ist allerdings, dass deine Welt auch dann deine eigene Schöpfung ist, wenn du dir deiner Macht gar nicht bewusst bist und dir deshalb künstliche Begrenzungen erschaffst… Aber das ist eine andere Geschichte. Für den Moment reicht es erstmal, zu verstehen, dass ich hier mit dir einen Ausschnitt aus meiner „Schicht" der Wirklichkeit teile, neben der natürlich noch viele weitere Wirklichkeitsschichten existieren – so viele, wie es Seelen im Universum gibt. Vielleicht kann dich ein Einblick in meine Schicht ja ein wenig inspirieren. Es wäre mir eine Freude!

Aber zurück zum Ausgangspunkt, nämlich der Erkenntnis dessen, wer und was du eigentlich bist, dem Blick hinter den Schleier! Diese Erkenntnis der Wahrhaftigkeit deines göttlichen Wesens, so wie ich es im obigen Gedankenexperiment skizziert und dir als Möglichkeit angeboten habe, diese Erkenntnis ist die Grundlage von allem, was du in diesem Buch lesen wirst. Und sie ist meiner Erfahrung nach auch der essenzielle Grundstein zum Leben deiner Träume. Ohne sie wird es schwer bis unmöglich werden, wirklich zu leben, was dich glücklich macht. Schon allein deshalb, weil du gar nicht an die Möglichkeit eines solchen Lebens glauben würdest, geschweige denn daran, dass *du* es leben könntest. Hast du aber erkannt und akzeptiert, wer und was du wirklich bist, warum du hier bist und welche Konsequenzen das hat, dann ist der allerwichtigste und allergrößte Schritt schon geschafft.

Der Weg zu dieser inneren Gewissheit ist so individuell wie du selbst. Im Verlauf dieses Buches wirst du zahlreiche Hilfestellungen erhalten, um auf diesem Weg voranzukommen. Und es gibt mittlerweile auch eine Vielzahl an weiteren Büchern, Kursen und Mentoren auf dem Markt, die dich dabei unterstützen können (sei jedoch achtsam und wähle mit Bedacht: Auch in der sogenannten spirituellen Szene gibt es noch immer manches, das dich auf deinem Weg zu dir selbst eher behindern als unterstützen könnte). Welchen Weg du auch immer für dich findest, gehen musst du ihn selbst. Dieses Buch möchte dich kräftig dabei unterstützen und dir helfen, den Plan umzusetzen, welchen du geschmiedet hast, bevor du auf diesen Planeten gekommen bist.

Ich werde nun also für den Rest unserer gemeinsamen Zeit davon ausgehen, dass du bereits frohgemut losgegangen bist und zumindest angefangen hast, die Wahrhaftigkeit der oben geschilderten Gedanken über dein Sein zu akzeptieren und als deine Wirklichkeit anzunehmen – spätestens nach der Lektüre dieses Buches wird diese Wirklichkeit selbstverständlich für dich sein.

Ich erwarte dich jetzt sozusagen am Eingang des Vergnügungsparks und zeige dir, wie du hier so richtig viel Freude haben kannst! Also lass uns loslegen: Herzlich willkommen in einer neuen Welt! Herzlich willkommen in deiner Komfortzone!

Kapitel 2

Deine Komfortzone, oder: Hör auf, dich zu verhindern!

„Alles, was der Präsenz unserer wahren Kraft im Wege steht, ist unser Widerstand gegen die Liebe.“
Gabby Bernstein

Und damit sind wir auch schon gleich bei diesem wundersamen, großartigen Ding, das diesem Buch seinen Namen gegeben hat: Deiner Komfortzone! Vermutlich hast du dich schon die ganze Zeit über beim Lesen gefragt, was all die Ausführungen über dein wahres Wesen und all das denn hier zu suchen haben, und was das überhaupt mit dem Thema dieses Buches zu tun haben soll. Und die Antwort lautet: einfach alles!

Denn als das göttliche, brillant strahlende, unendlich mächtige Wesen, das du bist, weißt du (und nur du) ganz genau, was gut für dich ist, was dir und deiner Seelen-Essenz am meisten entspricht, wo und wie du dich in allen Bereichen deines Lebens am wohlsten, großartig jubelndsten und dir selbst am nächsten, kurz: wie der Fisch im Wasser fühlst! Ja, du weißt es, glaub mir. Und genau dort, wo das der Fall ist, dort ist deine Komfortzone! Die Zone deines höchsten Wohlgefühls, deines größten Potenzials, deiner größten Klarheit und jubelndsten Freude, deiner größten Leichtigkeit und deines flowigsten Flows!

Deine Komfortzone ist, was du in Wahrheit bist! Begib dich dorthin und du wirst ganz DU sein und das Leben deiner kühnsten Träume führen! DAS ist die ultimative Kraft und Macht deiner Komfortzone!

So, jetzt weißt du im Grunde bereits alles, was du wissen musst, und an dieser Stelle könnte das Buch eigentlich zu Ende sein. Wäre aber schade, denn es gibt noch soviel mehr zu dem Thema zu sagen. Und vermutlich herrscht auch noch die ein oder andere Verwirrung diesbezüglich in deinem Kopf…

Diese Verwirrung könnte eventuell damit zusammenhängen, wie der Begriff „Komfortzone" in unserer Gesellschaft bislang kodiert war und gebraucht wurde. Ja ja, keine Sorge, mir ist das durchaus bewusst… Ich schreibe dieses Buch keineswegs in einer Parallelrealität, in der der Begriff „Komfortzone" vielleicht einfach eine komplett andere Bedeutung hat als in deiner, weshalb ich ihn hier so schwärmerisch und positiv gebrauche… Nein, ich befinde mich in der gleichen Dimension wie du und mir ist durchaus bewusst, dass man, ohne sich weit aus dem Fenster zu lehnen, behaupten kann: Die Komfortzone hat in unserer Welt keinen besonders guten Ruf! Ja mehr noch: Wie du sicher weißt, ist mit dem Wort „Komfortzone" heutzutage geradezu reflexartig die Aufforderung verbunden, diese möglichst sofort zu verlassen, so als wäre sie ein sich im Einsturz befindliches Gebäude oder der akkurat gepflegte englische Rasen der Cambridge University… Und ja, eben genau das ist der Grund, warum ich die Komfortzone ins Zentrum dieses Buches gestellt habe!

Denn gerade dieses hartnäckige Narrativ vom Verlassen der Komfortzone und die regelrechte Besessenheit davon ist es, was uns in Wirklichkeit immer weiter von uns selbst entfernt und uns entmutigt, anstatt uns zu helfen. Und deshalb möchte dieses Buch dich dazu einladen, einen vollkommen neuen Blickwinkel auf das Thema Komfortzone einzunehmen – und so letztendlich tatsächlich eine „Parallelrealität", eine neue Wirklichkeit für dich zu kreieren! Eine Wirklichkeit, in der du ein Leben in Leichtigkeit und Freude aus deinem wahren Potenzial heraus führen kannst. Denn ich bin überzeugt: Unsere Komfortzone ist, was wir in Wahrheit sind, und wir sollten sie endlich BETRETEN! Fangen wir also an, uns nicht länger von uns selbst abzutrennen! Geben wir unseren Widerstand gegen unser Wohlbefinden endlich auf und erlauben unserem göttlichen, wahren Selbst, das Ruder in unserem Leben zu übernehmen! Kurz gesagt könnte man die Botschaft dieses Buches und meine Einladung an dich auch ganz knapp zusammenfassen mit den Worten: **Vertraue deinem Wohlgefühl! Immer!**

Ein solcher Shift hin zu einer neuen Wirklichkeit erfordert natürlich noch ein wenig mehr Erklärung und wohl auch ein gewisses Maß an Hilfestellung und Handwerkszeug, um ihn zu bewerkstelligen. Beides werde ich dir im Laufe dieses Buches mit Freude zur Verfügung stellen.

Lass uns also zunächst noch ein wenig tiefer den Begriff der sogenannten Komfortzone erforschen. Wie oben bereits gesagt, bin ich der Ansicht, dass die heutzutage geradezu chronisch gewordene Besessenheit vom Verlassen der Komfortzone bei den meisten Menschen genau zum Gegenteil des Erwünschten führt, nämlich dazu, dass sie sich immer weiter von ihrem wahren Potenzial entfernen, anstatt es zu entdecken und zu fördern. Warum glaube ich das? Nun, wenn wir den Begriff einmal ganz logisch und unvoreingenommen betrachten, dann bezeichnet „Komfort-Zone" schlicht und einfach einen Bereich oder einen Ort, an dem wir uns komfortabel fühlen, an dem eben *Komfort* für uns herrscht. Und was um Himmels willen sollte daran verkehrt sein? Genau: nichts! Belegen wir diesen Begriff nun aber negativ, wie es die westlichen Gesellschaften getan haben, und befinden uns damit in dem ständigen Drang, „unsere Komfortzone zu verlassen", weil uns das von allen Coaches und Youtubern da draußen ständig gepredigt wird, so wird sich unser Unterbewusstsein mit der Zeit gleich drei grundlegende (und ziemlich fatale) Glaubenssätze zu eigen machen:

1. Ich bin nicht richtig, wie und wo ich gerade bin.

2. Das, was mir gut tut, was mich mich wohlfühlen lässt, ist falsch und mein Feind.

3. Um erfolgreich zu sein, muss ich mich auf dem Weg dahin möglichst unwohl fühlen, denn das ist der Indikator für den „richtigen Weg“. Ergo: Erfolg = hart und unangenehm!

So krass das erstmal klingen mag, aber das sind letztendlich die logischen Konsequenzen des aktuell herrschenden Komfortzonen-Narrativs! Sorry not sorry an all die Coaches da draußen, die das Ganze bislang von den Kanzeln gepredigt haben… Aber Worte sind nunmal machtvoll! Sie formen unsere Welt, und wenn wir sie ernst und wörtlich nehmen (und unser Unterbewusstsein kann gar nicht anders), dann sollten wir sehr sehr achtsam sein, welche Programmiersprache wir unseren „Computern“ da wirklich füttern. Denn die Programme, die dadurch entstehen, bestimmen unser Leben.

Soweit so wichtig. Wenn wir nun aber die oben skizzierten Glaubenssätze (oder auch nur einen davon) erstmal abgespeichert haben, warum sollte unser Unterbewusstsein in einer solchen Welt dann noch irgendeine Motivation haben, morgens überhaupt aufzustehen?! Es ist wichtig, zu verstehen, dass derjenige Teil von uns, den wir unser inneres Kind nennen könnten, und der große Teile unseres Verhaltens und unserer Entscheidungen beeinflusst, sich immer weg vom Schmerz und hin zur Freude bewegt. Also sollte es doch eigentlich unser selbstverständliches Bestreben sein, ihm Gründe zu liefern, um mit den anderen Anteilen unseres Selbst freudvoll und motiviert zusammenzuwirken und so *für* uns zu arbeiten. Indem wir ihm aber das Narrativ der „bösen Komfortzone" eintrichtern, tun wir genau das Gegenteil. Wir sabotieren uns damit selbst!

Eine der Ursachen, warum dieses verquere Narrativ dennoch so verbreitet und erfolgreich ist, liegt auf der Hand: Wir haben heute verlernt (oder es wurde uns abtrainiert), unsere Impulse, Wünsche, Bedürfnisse und das, was *uns* gut tut, wirklich ernst zu nehmen. Und haben im Gegenzug die Selbst-Verleugnung bis zum Exzess getrieben. Grundsätzlich gehen wir heute davon aus, dass alle anderen „richtiger" liegen mit ihren Ansichten über die Welt als wir selbst, dass generell das von den Medien und „Influencern" gepredigte Narrativ die unumstößliche Wahrheit ist, nach der wir unser Leben zu gestalten haben, und dass unsere Verantwortung uns selbst gegenüber (wenn überhaupt) die ist, uns in Richtung eines allgemein akzeptierten Idealbildes zu optimieren, koste es, was es wolle, da wir in unserem ursprünglichen Zustand ja so fehlerbehaftet und unvollkommen sind! Und deshalb ist es auch unhinterfragt zu akzeptieren, dass das (Mainstream-)Glück selbstverständlich nur *außerhalb* der eigenen Komfortzone zu finden ist und wir uns deshalb bitteschön schon ein wenig mehr (oder sogar ziemlich heftig) anstrengen sollten, um endlich dorthin zu kommen - wo die anderen uns haben wollen!

Siehst du den Fehler in diesem Narrativ? Und mal ganz ehrlich: Hört sich irgendetwas von all dem stimmig und adäquat an für das strahlende, grenzenlos machtvolle und brillante göttliche Wesen, das du bist? Die Antwort liegt wohl auf der Hand... Der Widerstand, den wir heutzutage gegen unsere eigene Großartigkeit und die Schönheit unseres Da-Seins aufgebaut und zugelassen haben, ist einfach enorm - und enorm ungesund!

Was wäre dagegen adäquat für dein wahres Sein? Wohin führt es dich, wenn du den Widerstand gegen dich selbst loslässt? Genau: In die Freude, Leichtigkeit und die hohen Schwingungsfrequenzen *deiner wahren Komfortzone*! Lass mich dich erneut zu einem Gedankenexperiment einladen: Was wenn wir einmal davon ausgehen würden, dass es dein Normalzustand ist, dich wohl, kraftvoll und lebendig zu fühlen? Dass es normal für dich ist, jeden Morgen voller Freude aufzustehen, weil die Welt, in der du lebst, so wundervoll und *komfort*abel ist, dass du jeden einzelnen wachen Augenblick in ihr einfach nur knutschen könntest? Was wenn du einen Zustand des liebevollen, dankbaren Wohlbefindens zu deinem „Normal" erklärst - und alles, was das nicht ist, zur Ausnahme wird?

Ich sage dir: Auch wenn es viele Menschen einfach so in ihrer Welt akzeptiert haben - es ist eben *nicht* normal, sich nicht wohl zu fühlen, irgendwelche Krankheiten zu haben und morgens nur sehr schwer aus dem Bett zu kommen! Ich möchte die Menschen, die all das in ihrem Leben tagtäglich als gegeben hinnehmen, nicht verurteilen. Aber ich möchte dir sagen, dass ein solcher Zustand des Unwohlseins eben *nicht* dein Leben bestimmen *muss*! Wenn er aktuell noch zu deiner Wirklichkeit gehört, dann einfach nur deshalb, weil er eine oder mehrere Botschaften für dich bereithält, die dich auf deine wahre Komfortzone hinweisen wollen. Denn dein Normalzustand *ist* die große Freude eines Da-Seins in deiner Komfortzone!

Und das Universum möchte auch, dass du genau in diesem Zustand dein Leben lebst! Im Grunde ist alles in deinem Da-Sein darauf ausgerichtet, dir zu einem strahlenden Leben in der höchsten Schwingung deiner wahren Komfortzone zu verhelfen. Es erfordert nur bisweilen die Entscheidung, dies auch zuzulassen und zu erlauben! Aber wer könnte diese Entscheidung in deiner Welt besser treffen als du selbst?! Also hör auf, DICH in deiner ganzen Großartigkeit und Strahlkraft zu verhindern und betritt deine Komfortzone! Los geht's!

Kapitel 3

Der erste Schritt: Leere deinen Trash-Ordner!

Wenn du bis hierher gelesen hast: Glückwunsch! Du hast im Grunde schon all die Basics kennengelernt, die du brauchst, um wirklich DEIN Leben zu leben und endlich DEINE wahre Komfortzone zu betreten. Nachdem du also sozusagen den Eingang zum Vergnügungspark deines besten Lebens nun gefunden und dich im Eingangsbereich ein wenig umgesehen hast, möchte ich dich jetzt einladen, mit mir Stück für Stück deinen „Park" zu erkunden.

Doch bevor wir das tun können, müssen wir vermutlich ein wenig Gerümpel aus dem Weg räumen, das uns die freie Sicht auf all die Wunder und Attraktionen deines großartigen Da-Seins versperren könnte. Damit meine ich: Der erste und grundlegende Schritt, um deine wahre Komfortzone zu betreten, ist zunächst einmal sicherzustellen, dass es wirklich *deine* Komfortzone ist, die du da betrittst! Und nicht die von irgendjemand anderem oder auch einer Gemeinschaft von „Anderen".

Zugegeben: Die Gefahr, sich da zu irren, scheint im Grunde lächerlich gering - wenn… ja wenn man weiß, wie sich die eigene Komfortzone *tatsächlich* anfühlt! Um das zu wissen, muss man aber zumindest schon einmal dort gewesen sein… Und ich verrate dir jetzt ein erschütterndes Geheimnis: Viele Menschen waren noch gar nie wirklich in ihrer (wahren) Komfortzone und wissen gar nicht so richtig, wie es dort eigentlich ist! Jap. Heftige Sache.

Wenn du auch das Gefühl hast, einer dieser Menschen zu sein, dann empfehle ich dir als ersten Schritt Folgendes: Beseitige bitte zunächst all den Müll, der deine „Festplatte" zukleistert, dich und dein „Betriebssystem" schwerfällig macht und verhindert, dass du dich überhaupt erst auf den Weg zu deinem wahren Sein, deinem höchsten, jubelnden Selbst, deiner wahren Komfortzone machen kannst!

Was bedeutet das konkret? **Nun, dazu ist es notwendig, dich zunächst einmal von allen Ansichten, Vorstellungen und Erwartungen frei zu machen, die von außerhalb von dir in dein Leben gekommen sind und dir nicht dienen!** Denn ich verrate dir hiermit gerne die nächste aufrüttelnde Neuigkeit: Niemand, ich wiederhole, *niemand* wird jemals exakt so gut wissen, was stimmig und richtig für dich ist, wie du selbst! Und deshalb darfst du ab sofort anfangen, absolut *niemandem* größeres Vertrauen zu schenken als dir selbst und deiner inneren Weisheit. Oder um es mit den Worten des bekannten Entertainers Hape Kerkeling zu sagen: „Das eigene Herz betrügt einen nicht. Im Kopf dagegen ist so viel Zeug drin, das nicht von dir selber ist, das dir mal irgendjemand eingepflanzt hat, dass der Kopf dazu neigt, dir Müll zu erzählen."[1] Besser hätte ich es nicht ausdrücken können. Und deshalb ist es wichtig, dass wir diesen „Müll", schnellstmöglich entsorgen und beseitigen, damit er dich nicht länger von deiner Komfortzone abhalten kann, zu der dir dein Herz den Weg ständig zu zeigen versucht.

Eine erste wichtige Maßnahme, die ich dir in diesem Zusammenhang empfehlen möchte, ist daher, ab sofort alles, was von außen an Informationen zu dir gelangt, erstmal wie an einer **innerlichen Kontrollstation** zu stoppen und gründlich zu überprüfen. Ganz egal, wie „vertrauenswürdig" die Quelle zu sein scheint, frage dich bei *allem*:

- „Was sagt meine Herzensweisheit zu diesem Thema?"
- „Dient mir das, was da gerade von außen an mich herangetragen wird?"
- „Und dient es meinem Da-Sein in meiner wahren Komfortzone als derjenige/diejenige, der/die ich wirklich bin?"

Besonders in Zeiten von Social Media und einer ständig auf uns niederprasselnden Informationsflut ist das Etablieren und achtsame Aufrechterhalten einer sol-

---

[1] *https://www.stern.de/kultur/hape-kerkeling-ueber-horst-schlaemmer--club-las-piranjas--und-das-aelterwerden-33900102.html*

chen inneren Kontrollstation nicht nur hilfreich, sondern absolut notwendig, wenn du das Leben führen möchtest, das wirklich *deines* ist. Das bedeutet nicht, dass du auf dem Weg in deine wahre Komfortzone nicht auch Inspiration und Impulse von außen dankbar aufnehmen darfst. Diese können durchaus sehr hilfreich sein. Aber eben nur, sofern sie sich *gut anfühlen* und dir ein Gefühl von Bestätigung und Vorwärtskommen auf *deinem* Weg geben können! Nur dann! Tun sie das nicht und schränken dich vielleicht sogar eher ein oder fühlen sich jedenfalls nicht stimmig an, dann lehne dankend ab! Werde hier wirklich radikal! Denn du bist keineswegs angewiesen auf Inspiration von außen. Dies zu verstehen, ist entscheidend. Dein wahres, göttliches Selbst kennt den Weg in deine Komfortzone ganz genau und weiß auch dafür zu sorgen, dass du ihn gehen kannst. In Kapitel 9 werden wir auf das Thema äußere Einflüsse und wie du damit umgehen kannst, noch ausführlicher zu sprechen kommen.

Im Kontext dieses Kapitels, in dem es ja darum geht, deinen „Trash-Ordner" zu leeren, müssen wir uns nun aber einem zweiten sehr wichtigen Bereich zuwenden, in dem du ab sofort deine innere Kontrollstation ebenfalls für dich arbeiten lassen solltest. Denn die gleiche Achtsamkeit, wie bei Informationen von außen, gilt es auch bei allem anzuwenden, was in deinem Inneren, in deinen Gedanken und inneren Dialogen so vor sich geht! Nicht nur von außen, sondern auch von dir selbst kann nämlich viel „Schutt" über dir aufgehäuft werden, der dich auf dem Weg in deine wahre Komfortzone unter Umständen behindern kann. Richte den erhellenden Röntgenstrahl deiner inneren Kontrollstation also auch auf dich selbst und beobachte ab sofort regelmäßig aufmerksam deine Gedanken und inneren Dialoge! Frage dich dazu beispielsweise immer wieder:

- ✷ „Dient mir dieser Gedanke eigentlich, den ich da gerade denke?“
- ✷ „Dient es meinem Da-Sein in meiner wahren Komfortzone als derjenige/diejenige, der/die ich wirklich bin, wenn ich meine inneren Dialoge so fortführe wie bisher?“

Manche der begrenzenden „Spielregeln“, die dich auf dem Weg in deine Komfortzone behindern, könntest du nämlich nicht einfach nur von außen als „Meinung“ übernommen, sondern sozusagen als hauseigenes Programm selbst kreiert haben, beispielsweise aufgrund traumatischer Erlebnisse. Diese Erlebnisse müssen aus Sicht deines heutigen Selbst gar nicht unbedingt dramatisch gewesen sein, haben aber damals, als sie auftraten, ausgereicht, um hinderliche Glaubenssätze in dir zu programmieren, die dich bis heute einschränken und unerkannt einfach immer weiter wirken. Oftmals ist die Ursache für solche Programme in der Kindheit zu finden, wo unser Bewusstsein noch nicht so weit ausgeprägt ist, dass es Erlebnisse richtig einordnen kann. Es gilt, sich dessen nun, als Erwachsener, bewusst zu werden. Denn Bewusstsein schafft Befreiung.

Lass mich dir hierfür ein Beispiel geben: Im Kleinkindalter hast du im Vorgarten deines Elternhauses gespielt, während deine Mutter in der Küche zu Gange war und von dort aus zwar ein Auge auf dich hatte, aber nicht in deiner unmittelbaren Nähe war. Nun kam der Nachbarshund fröhlich angelaufen und beschnupperte dich neugierig. Der Hund war dabei vollkommen freundlich und wollte nur „Hallo“ sagen, legte dabei aber ein gewisse, für Hunde oft typische Tollpatschigkeit an den Tag - und stieß dich deshalb aus versehen um. Dein kindliches Bewusstsein kann dieses Ereignis nun überhaupt nicht einordnen, sondern bemerkt nur, dass ein Tier sich dir stürmisch genähert und dich umgestoßen („angegriffen“) hat, und deine Mutter nicht in deiner Nähe ist! Die Folge: Du bekommst Angst, fühlst dich hilflos und fängst an zu weinen – und schwups hat dein Unterbewusstsein ab sofort eine Spielregel gespeichert, die besagt, dass Hunde gefährlich sind… Und das obwohl du im Grunde niemals negative Erfahrungen mit Hunden gemacht hast! Das Programm ist dennoch da und wird möglicherweise für dein ganzes restliches Leben auf dich einwirken. Solange, bis du es umprogrammierst!

Denn genau wie jede andere Spielregel kannst du auch solche unbewussten Programme natürlich jederzeit ändern. Unter Umständen benötigt eine Spielregel, die auf die oben erläuterte Art und Wiese entstanden ist, zwar vielleicht ein wenig mehr deiner Aufmerksamkeit, um sie zu verändern, schon allein deshalb, weil du dir ihrer überhaupt erstmal bewusst werden musst. Sie ist aber dennoch nicht mehr als eben nur das - eine Spielregel, für die gilt: Du selbst hast sie aufgestellt, sie hat einen Ursprung, einen Zeitpunkt, an dem, und einen Grund, aus dem sie aufgestellt wurde - und sie ist veränderbar! Diesen Ursprung zu finden und dann zu harmonisieren ist meistens eine weit weniger aufwändige Angelegenheit als du vielleicht fürchtest. Und es lohnt sich in jedem Fall. Du kannst dich dabei auch von einem Coach oder Heiler unterstützen lassen, falls du merkst, dass du alleine nicht weiterkommst. Für den Anfang, wenn du noch nicht soviel Erfahrung mit deiner inneren Welt hast, und bei besonders hartnäckigen Spielregeln ist dies möglicherweise empfehlenswert. Aber du kannst dieses Abenteuer natürlich auch ganz für dich allein in Angriff nehmen. Das kannst nur du selbst entscheiden. In Kapitel 6 wirst du noch mehr zum Thema innere Arbeit und Reisen in deine Innenwelt erfahren.

Um auf dem Weg deiner „Schuttbeseitigung“ direkt voranzukommen, lade ich dich nun dazu ein, gleich mit ein wenig **innerer Forschungsarbeit** zu beginnen: Setze dich einmal hin und erforsche aufmerksam deine Innenwelt mit besonderem Fokus auf alles, was dort aktuell einschränkend und blockierend ist. Als Einstieg dazu könntest du dir einmal die folgenden Statements auf einen Zettel schreiben und sie vervollständigen. Schreibe jeweils das auf, was dir als erstes zum jeweiligen Statement in den Sinn kommt und sei dabei ganz ehrlich zu dir selbst:

> Ich denke, ich bin …
>
> Ich denke, die Welt ist …
>
> Ich denke, meine Fähigkeit, Liebe und Freude zu erfahren, ist …
>
> Ich denke, ich muss …
>
> Ich denke, Glück ist …
>
> Ich denke, meine Gesundheit ist …
>
> Ich denke, Geld ist …
>
> Ich denke, Wohlgefühl und Komfort sind …
>
> Ich denke, Leichtigkeit ist …
>
> Ich denke …
> (Lass dir hier ganz intuitiv und von selbst weitere Statements in den Sinn kommen, die dir aufzeigen, wie du denkst und was du glaubst.)

Wenn du alles aufgeschrieben hast, lies es dir nochmal durch mit dem Blickwinkel eines Beobachters von außen. Voilà: Dies ist dein aktuelles Betriebssystem, deine aktuelle „Wahrheit“! Sie zeigt dir, warum deine Wirklichkeit gerade so ist, wie sie ist. Und sie macht dir deutlich, was dich unter Umständen (noch) davon abhält, deine wahre Komfortzone zu betreten oder vollständig in ihr zu leben. **Änderst du diejenigen der oben gefundenen Spielregeln für dich, die sich begrenzend und nicht förderlich für dein Wohlbefinden anfühlen, so wird sich entsprechend auch deine Wirklichkeit verändern** – und der Weg in deine Komfortzone wird immer freier und zugänglicher werden!

Viele der in dieser Übung gefundenen Begrenzungen und Glaubenssätze werden dir, wie gesagt, vermutlich einfach von außen übergestülpt worden sein in der Zeit, als du noch nicht die oben empfohlene innere Kontrollstation in deiner Welt installiert hattest. Und manche mögen, wie beschrieben, aufgrund von (vielleicht sogar völlig harmlosen, aber aus Kindersicht eben traumatischen) Erlebnissen in deiner Kindheit von dir selbst unbewusst programmiert worden sein. Aber bei beiden Arten ist es wichtig, sich bewusst zu machen, dass sie eben tatsächlich nicht mehr sind als willkürlich festgelegte Spielregeln, Glaubenssätze - die jederzeit veränderbar sind! Denn die Welt ist immer exakt das, wofür *du* sie hältst. **In einem grenzenlosen Universum gibt es grenzenlose Möglichkeiten, zu spielen, und du entscheidest, welches Spiel du nach welchen Regeln spielen möchtest!** Problematisch wird es allerdings, wenn du versuchst, Fußball nach Tennisregeln zu spielen... wenn du also Spielregeln anwendest, die nicht deine eigenen sind und/oder nicht dem Spiel dienen, das du eigentlich wirklich spielen möchtest! Logisch, oder?

Erinnere dich also in all deinem Denken, Fühlen und Handeln zwischendurch immer wieder daran, welches Spiel du hier eigentlich gerade spielst und welche Regeln du dafür anwendest: Ist es das Spiel, das *du* wirklich spielen möchtest? Eines, das dich in deiner wahren Komfortzone sein lässt oder dich auf dem Weg dorthin unterstützt? Oder ist es das Spiel eines anderen oder einer Gruppe von anderen, das dir eigentlich gar nicht dient und das du eigentlich schon längst nicht mehr mitspielen wolltest? Wie du darüber, was deine Komfortzone wirklich ausmacht, noch mehr Klarheit erhältst, werden wir uns in den folgenden Kapiteln genauer ansehen. Für den Moment ist erst einmal wichtig, dass du dir angewöhnst, dir immer wieder achtsam bewusst zu werden, **nach welchen Regeln du gerade welches Spiel spielst!** Und wenn du bemerkst, dass du gerade versuchst, „nach Fußball-Regeln Tennis zu spielen“, dann ändere die Spielregeln, die du anwendest oder das Spiel, das du spielst! Erweitere/verändere deine Grenzen und sei achtsam, welchen Glaubenssätzen und „Schuttbrocken“ du gerade erlaubst, die bestimmenden Lenker deines Lebens zu sein!

Kurz gesagt: Wenn du glaubst, es gibt Grenzen für das Level an Freude, Glück, Liebe, Gesundheit, Reichtum und so weiter, das du erfahren kannst, wenn du glaubst, „man" müsse dieses oder jenes tun oder sein, um ein erfolgreiches Leben zu führen, und wenn du glaubst, es sei dir deshalb oder aus welchen Gründen auch immer nicht möglich, in deiner wahren Komfortzone zu leben - dann wird es so sein. So lange, bis du die Regeln änderst! Die in der Übung weiter oben gefundenen Statements geben dir erste Anhaltspunkte dafür, welche Regeln du möglicherweise ändern möchtest. Auf diese Weise wirst du Stück für Stück deinen Trash-Ordner leeren und so immer leichter und schneller vorankommen auf dem Weg in dein bestes Leben, deine wahre Komfortzone.

Aus meiner persönlichen Erfahrung kann ich dir sagen, dass all dies eine sehr spannende Abenteuerreise der Befreiung zu dir selbst ist, in deren Verlauf du immer neue Ebenen entdecken und voller Staunen feststellen wirst: „Wow, ich darf mir und meiner Herzensweisheit ja *noch mehr* vertrauen! Ich darf auch und sogar in diesem oder jenem Bereich *noch mehr* die Begrenzungen und Vor-Stellungen loslassen, die sich da im Wortsinne vor mich und mein wahres Sein in meiner wahren Komfortzone gestellt haben!" Es ist jedesmal wieder ein großes Aha-Erlebnis und ich möchte dich dazu ermutigen, diese innere Forschungsarbeit immer weiter zu betreiben! Es lohnt sich.

Dabei macht es, wie gesagt, keinen Unterschied, von woher die Spielregeln, Begrenzungen und Glaubenssätze, auf die du bei deinen inneren Forschungsreisen stoßen wirst, zu dir gekommen sind. Wichtig ist nur, dass du dir ihrer im Hier und Jetzt bewusst wirst. Denn genauso wie du viele dieser „Wahrheiten“ einfachso angenommen hast, kannst du nun auch beschließen, sie ab sofort schlicht und einfach nicht mehr zu den deinen zu machen! Dazu brauchst du sie im Grunde nur ganz bewusst und mit kraftvoller Absicht aus deiner Welt zu verabschieden und im Anschluss mit dem Gegenteil zu ersetzen.

Ein Beispiel: Nehmen wir an, du hättest in der obigen Forschungsübung das Statement „Ich denke, Leichtigkeit ist…“ ergänzt mit „…ein seltenes Gut in dieser Welt.“ Dies kann nun beispielsweise einfach daran liegen, dass dir von den Medien, auf Social Media oder von anderen Menschen andauernd eingeredet wird, dass die Welt ja ein so schrecklicher, düsterer Ort und das Leben hart und beschwerlich sei. Dies ist aber natürlich nichts anderes als eine *Sichtweise*, eine willkürlich aufgestellte Spielregel! Und du kannst dich jetzt ganz bewusst dafür entscheiden, dass es ab sofort nicht mehr die deine ist! Wenn du magst, stelle dir dazu wirklich vor, wie du diesen Glaubenssatz und alles, was damit verbunden ist, in eine Kiste packst, die Tür zu deiner Welt öffnest, die Kiste kraftvoll hinauswirfst und die Tür dann wieder fest verschließt. Danach setze dich hin, genieße einen Moment die neu gewonnene Klarheit und Frische und überlege dir dann die neue Spielregel, die ab sofort die deine sein darf. In unserem Beispiel von oben könnte diese dann etwa lauten:

„Leichtigkeit ist ein Grundprinzip des Universums und mein Naturzustand!“

Regelmäßige Wiederholung dieses neuen Statements (auch „Affirmation“ genannt) ist ab jetzt wichtig und hilfreich, da du dadurch die neue Spielregel und die damit verbundenen Verknüpfungen in deinem Gehirn immer mehr stärkst, während die alte nach und nach verschwindet. Um sowohl deinen Verstand als auch dein inneres Kind und dein Unterbewusstsein mit ins Boot zu holen, ist es zudem hilfreich, dir vorzustellen, wie dein Leben aussehen wird, wenn du von nun an nach dieser *neuen* Spielregel spielst, anstatt nach der alten. Nimm dir Zeit dafür, die entsprechenden Gefühle und inneren Bilder deutlich in dir aufsteigen zu lassen und diese ausführlich zu genießen. Je öfter und achtsamer du diese Schritte durchführst, desto mehr „Schutt“ wirst du beseitigen und desto freier und wundervoller wird der Weg in deine Komfortzone werden!

Welche Methode du auch wählst, um deine blockierenden Glaubenssätze und Überzeugungen loszulassen und zu verändern - wichtig ist, dass du dir stets bewusst machst, dass *all* diese hinderlichen „Schuttbrocken“ auf deinem Weg lediglich Spielregeln sind, die entweder von dir selbst oder von jemand anderem aufgestellt wurden - und dass DU sie JETZT und jederzeit verändern kannst! Es gibt tatsächlich *nichts*, das dich auf dem Weg in deine Komfortzone aufhalten könnte. Denn diese ist deine wahre Natur und in ihr zu leben deine natürliche Entwicklung!

Als sehr hilfreiche und kraftvolle Werkzeuge für deine innere Befreiung auf dem Weg in deine wahre Komfortzone möchte ich dir nun noch einige Übungen mit auf den Weg geben. Den Anfang macht eine geführte innere Reise, die du als umfassende energetische Grundreinigung für dich durchführen und genießen kannst.

Sprich den folgenden Text dieser inneren Reise am besten als Audiodatei auf dein Smartphone oder deinen Laptop auf, um dir die Reise dann anhören und dich hindurch führen lassen zu können. Achte darauf, genügend Pausen zu lassen, um das Gesagte auch wirklich in deiner inneren Welt in Ruhe erleben zu können. Wenn du magst, findest du auch eine von mir gesprochene Audiodatei mit dieser inneren Reise auf *christoph-hetzenecker.com/audios* zum Anhören.

Innere Reise zum Wasserfall der Reinigung

Setze dich bequem hin und nimm ein paar tiefe Atemzüge. Wenn du magst, atme ein paar mal mit einem lauten, entspannenden Seufzer aus.

Aaaah… Sei ganz präsent mit dir selbst in diesem Augenblick. Dies ist ein heiliger, erhabener Moment, in dem du die Entscheidung getroffen hast, wieder ganz bei DIR anzukommen und alles gehen zu lassen, was nicht zu dir gehört. Eine große, eine weltverändernde Entscheidung! Sitze ganz entspannt und voller Leichtigkeit und spüre einfach nur dein Da-Sein in deinem Körper an diesem Ort, zu dieser Zeit. Und atme.

…

Dann finde dich auf einer wunderschönen Lichtung wieder. Du genießt die Sonnenstrahlen, die durch die Wipfel der hohen Bäume auf das Gras zu deinen Füßen fallen. Du spürst dieses weiche, saftige Gras unter deinen nackten Füßen und genießt den Kontakt zur Natur und zur Erde. Du blickst dich um und entdeckst am Ende der Lichtung den Eingang zu einer großen Höhle. Diese möchtest du nun entdecken. Du gehst über die Lichtung und betrittst die Höhle. Sogleich findest du dich im Inneren eines majestätischen Berges wieder. An der Decke der Höhle befinden sich verschiedenfarbige Kristalle, durch die Sonnenstrahlen von außen in die Höhle fallen und den Boden vor deinen Füßen in alle Farben des Regenbogens tauchen. Es ist ein absolut bezauberndes Farbenspiel! Während du noch die Atmosphäre genießt, hörst du vom anderen Ende der Höhle ein sanftes Rauschen. Offenbar befindet sich dort ein Wasserfall. Du gehst dem Rauschen nach und stehst nun direkt hinter einem wunderschönen Wasserfall, der den anderen Eingang zur Höhle verbirgt. Du betrachtest voller Staunen eine Weile das Glitzern und machtvolle Tosen des Wassers, das du nur in einem kleinen Ausschnitt aus der Höhle heraus sehen kannst. Dieser Wasserfall, so spürst du, hat etwas ganz Besonderes und Magisches an sich. Bereits die kleinen Tropfen der Gischt, die du auf deiner Haut wahrnehmen kannst, fühlen sich ungewöhnlich reinigend und kraftvoll an. Wie magisch angezogen gehst du näher heran, legst deine Kleidung ab und steigst in das glasklare Becken, in das der Wasserfall fällt. Sofort fühlst du dich unendlich erfrischt und belebt. Du schöpfst das klare Wasser an deine Lippen, trinkst es und genießt seine vitalisierende Wirkung.

...

Die Spirits des Wasserfalls begrüßen dich und erklären dir, dass dies der ***Wasserfall der Reinigung*** *ist. Sie laden dich ein, dich nun ganz darunter zu stellen. Dies tust du und lässt das sehr kraftvolle, aber doch angenehme Wasser an deinem Kopf, deinen Schultern, deinem ganzen Körper hinabfließen. Du spürst, wie es alles gründlich und kraftvoll von dir abwäscht, was nicht zu DIR gehört. Das Glitzern des Wassers färbt sich in verschiedenen Farben, die unterschiedliche Reinigungswirkungen haben, und mit jedem Farbwechsel fühlst du dich leichter, freier und* *kraftvoller. Schicht um Schicht wäscht der Wasserfall alles von dir ab, was nicht deiner ureigenen Seelenessenz entspricht. Genieße diese tiefe Reinigung!*

...

Dann ist die Reinigung abgeschlossen und du trittst unter dem Wasserfall hervor und steigst aus dem Becken. Die Strahlen der Sonne wärmen und trocknen dich und die Leichtigkeit, Klarheit und Freude, die du fühlst, ist unbeschreiblich. So hast du dich schon sehr lange nicht mehr gefühlt. Die Sonne lädt dich mit kraftvoller Energie auf und dein Tatendrang erwacht. Du spürst, dass es nun an der Zeit ist, vollkommen gereinigt und als ganz du selbst in ein völlig neues Sein im Hier und Jetzt zurückzukehren. Du blickst noch einmal zum Wasserfall der Reinigung und bedankst dich herzlich bei ihm, dann machst du dich auf den Weg zurück durch die Höhle und zur Lichtung.

...

Du nimmst noch einmal einen tiefen Atemzug und ganz in deiner Zeit wirst du dir wieder deines Körpers und deines Seins im Hier und Jetzt bewusst. Schließlich öffnest du die Augen und blickst voller Freude in eine neue Welt! Eine Welt, in der du frei bist, ganz in DEINER Seelenessenz und nach deinen Spielregeln deine Komfortzone zu betreten!

Den Trash-Ordner leeren für zwischendurch: Energetische Instant-Tools

Zum Abschluss dieses Kapitels möchte ich dir noch zwei weitere hilfreiche Werkzeuge zur Verfügung stellen, mit denen du im Alltag zwischendurch die Wirkung der eben erfolgten Grundreinigung erneuern und aufrechterhalten und dich immer wieder an die tatsächliche Grenzenlosigkeit deines Spielfeldes und die Essenz deines wahren Seins erinnern kannst:

Barrieren senken und ausdehnen

Dies ist ein kraftvolles Werkzeug, mit dem du dich in drei Schritten einfach und schnell an deine eigene Grenzenlosigkeit erinnerst:

1. Schließe zunächst deine Augen, nimm einen tiefen Atemzug und lasse ein einfaches Bild vor deinem geistigen Auge erscheinen, welches all das repräsentiert, was dich begrenzt und dich von deinem eigentlichen, grenzenlosen Sein abhält. Es repräsentiert alles, was du vor, beziehungsweise zwischen dich und deine Grenzenlosigkeit, zwischen dich und deine Komfortzone gestellt hast. Eine solche innerliche Repräsentation könnte sich beispielsweise als dicke Vorhänge, Backsteinmauern, eine Art Schleier oder irgendeine andere Art von Bar-

riere oder Begrenzung vor deinem inneren Auge zeigen. Lass dein individuelles Bild davon einfach zu dir kommen. Was als erstes erscheint, ist richtig.

2. Im nächsten Schritt entscheide dich nun dafür, diese Barriere jetzt so weit und tief wie nur möglich zu senken. Stelle dir diesen Vorgang ganz bildlich und deutlich vor. Ich selbst sehe beispielsweise immer dicke graue Samtvorhänge, die ich dann elegant und mit Getöse zu Boden fallen lasse, so tief es gerade geht. Nimm diesen Vorgang mit allen Sinnen wahr und genieße dann die freie Sicht, die er geschaffen hat.

3. Dehne dich nun in alle Richtungen in den neu geöffneten Raum hinein aus. Spüre die Grenzenlosigkeit des göttlichen, multidimensionalen Wesens, das du in Wahrheit bist. Genieße die Ausdehnung in deinem wahren Sein, solange du möchtest.

Diese Übung ist sehr hilfreich, um die Spielregeln und Grenzen deiner Welt zwischendurch blitzschnell zu verändern. Ich empfehle dir, sie immer durchzuführen, wenn du bemerkst, dass du dich gerade selbst begrenzt oder begrenzen lässt. Ebenso beispielsweise vor wichtigen Entscheidungen, die mit dem Weg in deine wahre Komfortzone zu tun haben, oder generell in allen Situationen, in denen du lieber aus deinem wahren Sein heraus agieren möchtest, als nur aus der begrenzten (und begrenzenden) Sichtweise deines konditionierten Verstandes.

Die eigene Energie zurückholen

Dies ist eine weitere kleine Übung für zwischendurch, mit der du schnell in *deine* Essenz und Klarheit zurückkehren kannst. Wie wir gesehen haben, gibt es da draußen ganz schön viel „Zeug“, das uns tagtäglich von uns selbst ablenken und die Weisheit unseres Herzens leicht verwässern kann. Hast du die innere Forschungsarbeit und die energetische Grundreinigung aus diesem Kapitel bereits durchgeführt und erhältst deine innerliche Kontrollstation achtsam aufrecht, dann dürfte dies zwar immer seltener der Fall sein und dich immer weniger beeinflussen. Sollte sich aber doch einmal ein Anflug von „Schutt“ in dein System gemogelt haben, so reicht es dann meistens aus, einfach schnell deine *eigene* Energie zu dir zurückzuholen - mit der folgenden Übung:

1. Schließe deine Augen und nimm einen tiefen Atemzug. Dann führe eine kurze Reinigung durch, beispielsweise indem du einfach eine der Farbfrequenzen aus dem Wasserfall der Reinigung über dich laufen lässt. Du kannst dir auch, wie ich es oft und gerne tue, eine violette

Flamme vorstellen, die dein ganzes System umlodert und alles wegnimmt, was nicht zu dir gehört.

2. Genieße für einen Moment das Gefühl der Reinigung und dann stelle dir Magnete überall an deinem Körper oder in deinem Energiefeld vor. Es sind ganz besondere, sehr starke Magnete und sie sind eingestellt auf deine ureigene Frequenz! Stelle dir nun vor, wie die Magnete mit jedem bewussten Atemzug deine Energie, deine Essenz und das, was wirklich zu dir gehört, von überall her, wo du es vielleicht verstreut hast, wieder zu dir zurückholen. Genieße diesen Prozess und spüre, wie du mit jedem Atemzug immer vollständiger wirst. Dann öffne die Augen und freue dich über dein wiedergewonnenes Du-Selbst-Sein.

Herzlichen Glückwunsch! Nachdem du nun reinen Tisch gemacht und den Raum geschaffen hast, um wirklich endlich *deine* Komfortzone zu betreten, können wir uns als nächstes direkt dorthin wenden und uns genauer ansehen, worin die große Kraft deines Wohlbefindens eigentlich besteht. Lass uns also im nächsten Kapitel zum Kern vordringen und uns fragen, warum es eigentlich soviel mehr Sinn macht, ein Leben *in* unserer wahren Komfortzone zu führen als außerhalb, und welche Prinzipien und Gesetzmässigkeiten in Gang gesetzt werden, wenn wir dies tun.

Kapitel 4
Was bringt mir das eigentlich? Die Kraft deiner Komfortzone

„Das eine wenigstens lernte ich bei meinem Experimente: Wenn jemand vertrauensvoll in der Richtung seiner Träume vorwärts schreitet und danach strebt, das Leben, das er sich vorstellt, zu leben, so wird er Erfolge haben, von denen er sich in gewöhnlichen Stunden nichts träumen ließ. Er wird mancherlei hinter sich lassen, wird eine unsichtbare Grenze überschreiten. Neue, allgemeine und freiere Gesetze werden sich um ihn und in ihm bilden oder die alten werden ausgedehnt und zu seinen Gunsten in freierem Sinne ausgelegt werden."
Henry David Thoreau

Dieses wunderschöne Zitat des amerikanischen Schriftstellers Henry David Thoreau aus seinem Buch „Walden" beschreibt eigentlich schon ziemlich vollständig die riesige, weltenerschaffende Kraft deiner Komfortzone. Im Laufe dieses Kapitels wollen wir uns diese Kraft und Macht, die ja auch das Titelthema dieses Buches ist, jetzt einmal genauer ansehen. Und wir wollen auf Grundlage des obigen Zitats, sowie einiger Beispiele aus meinem eigenen Leben, 6 Prinzipien herausfiltern, die dir zeigen, wie du mit der Macht deiner wahren Komfortzone deine Wirklichkeit erschaffen kannst. Und das vollkommen unabhängig davon, was

„die Wirklichkeit" vor dem Betreten deiner Komfortzone gewesen sein mag!

Es lohnt sich, dass wir uns dazu zunächst etwas näher mit den oben zitierten, bereits über 170 Jahre alten Worten von Henry David Thoreau auseinandersetzen. Auch wenn er unseren zentralen Begriff, den der Komfortzone, nicht verwendet, so beschreibt Thoreau in den ersten Zeilen doch ziemlich genau, was die Komfortzone in unserem Sinne eigentlich ist, nämlich einfach dasjenige Leben, das du *wirklich* leben möchtest, in dem du dich *wirklich* wohl fühlst! Soweit so bekannt, zumindest für dich, da du dieses Buch bis hierher gelesen hast. Interessant ist nun, was laut Thoreau passiert, wenn wir uns ganz bewusst in eben diese wahre Komfortzone begeben: Es stellen sich dann nämlich Erfolge ein, „von denen [man] sich in gewöhnlichen Stunden nichts träumen ließ." Ja, mehr noch: Es bilden sich gar ganz neue Gesetzmäßigkeiten um einen herum, eine neue Welt sozusagen - und die alte formt sich um zugunsten dessen, der den Schritt gewagt hat.

Wow, was für eine Kraft, die uns da zur Verfügung steht! Und ich kann dir aus eigener Erfahrung sagen: der gute Thoreau hatte tatsächlich vollkommen recht! Ich selbst habe diese schöpferische Kraft der Komfortzone mehrfach in meinem Leben genau so erfahren (weiter unten werden wir uns ein paar Beispiele dafür ansehen). Und ich bin sicherlich nicht der einzige. Du selbst bist der Magier/die Magierin, der/die seine/ihre

Welt umgestaltet und erschafft, sobald du die Entscheidung getroffen hast, dein höchstes Potenzial zu leben und voller Genuss deine individuelle Komfortzone zu betreten!

Du wirst dabei, wie Thoreau weiter schreibt, „mancherlei hinter [dir] lassen“ - nämlich schlicht und einfach alles, was *nicht* deiner wahren Komfortzone entspricht und was sich auf dir und deinem Zugang zu dir selbst als hinderlicher „Schutt“ abgelagert hat. Wie wir im letzten Kapitel bereits gesehen haben, gilt es in der Tat, all das hinter sich zu lassen und ja, sicherlich dabei auch manche „unsichtbare Grenze“ zu überschreiten. Dieser Prozess mag manchmal ein wenig Mut erfordern, du darfst dir dabei aber immer bewusst sein, dass du als Komfortzonen-Magier hier mit einem gigantischen Rückenwind unterwegs bist, der dich sanft, aber zugleich kraftvoll trägt und dich absolut sicher und weich in deinem wahren Sein landen lässt! Egal wie schwierig der Prozess für den denkenden Verstand und von der Perspektive des „vorher“ aus erscheinen mag: **Du wirst geführt und getragen sein. Darauf darfst du vertrauen!**

Denn das Universum, die Quelle allen Seins, Gott, das Quantenfeld oder wie auch immer du die kosmische Intelligenz nennen möchtest, deren Teil und Mitschöpfer du bist, hat großes Interesse daran, dass du in deiner Komfortzone voller Freude und Wohlgefühl dein höchstes Potenzial lebst. Genau dadurch erfüllst du nämlich deine heilige Aufgabe im kosmischen Strom der Evolution! Und was könnte wichtiger und mehr im Sinne des großen Ganzen sein? Genau: nichts!

Dein Beitrag zu dieser heiligen Reise ist vor allem erst einmal die bewusste und klare Entscheidung, den Platz in deiner Komfortzone und damit im kosmischen Heilsplan einzunehmen. Welche kraftvollen kosmischen Zahnräder diese Entscheidung dann in Bewegung zu setzen vermag, zeigen uns die letzten Zeilen von Thoreaus Zitat, in denen er die wahrscheinlich magischste Komponente des Prozesses beschreibt, der abläuft, wenn du deine wahre Komfortzone findest und betrittst: Die Gesetze des Universums werden dann nämlich buchstäblich für dich umgestaltet oder jedenfalls zu deinen Gunsten „in freierem Sinne ausgelegt werden"! Das klingt erstmal nach ziemlich hartem Tobak, oder? Aber wenn wir uns einmal die Grenzenlosigkeit des Universums vor Augen führen, wird schnell klar: In einem grenzenlosen Universum ist tatsächlich alles möglich. Und nochmal möchte ich dir aus meiner eigenen Erfahrungswelt bestätigen, dass das, was Thoreau hier beschreibt, tatsächlich genau so der Fall ist! Dein Leben in deiner wahren Komfortzone und höchsten Schwingung ist von essenzieller Bedeutung für das große Ganze und deine Entscheidung dafür wird dementsprechend machtvolle Kräfte mobilisieren.

Die Komfortzonen-Schöpfungsprinzipien

An dieser Stelle möchte ich dir jetzt, wie versprochen, ein konkretes Beispiel aus meinem eigenen Leben geben, das dir zeigt, was dies alles tatsächlich in der Praxis bedeuten kann. Das Beispiel ist nur eines von vielen aus meinem bisherigen Leben, aber eines, das besonders handfest und deutlich ist:

Vor einiger Zeit erhielt ich von meinem Steuerberater ein Schreiben, in dem er mir das Ergebnis seiner Berechnungen zu meiner Steuererklärung für das Jahr 2020 mitteilte. Darin stellte er mir in Aussicht, ich müsse einen hohen, fünfstelligen Betrag an Steuern nachzahlen, aufgrund des Verkaufs meines Elternhauses, der in diesem Jahr stattgefunden hatte. Zunächst war ich davon natürlich schockiert und für ein paar Stunden fiel meine Schwingung stark ab und ich bewegte mich ganz klar außerhalb meiner wahren Komfortzone. Doch dann erinnerte ich mich an die Grenzenlosigkeit des Universums und daran, dass *ich* der Magier und Schöpfer in meiner Welt bin! Ich traf die Entscheidung, möglichst schnell wieder in das höchste Potenzial meiner Komfortzone zurückzukehren – und akzeptierte schlicht und einfach diesen Betrag nicht, der da auf dem Schreiben meines Steuerberaters stand. Stattdessen machte ich mir noch einmal ganz klar, was in dieser Hinsicht meiner wahren Komfortzone entsprach (und immer noch entspricht): nämlich generell wenig bis gar keine finanzielle Belastung durch staatliche Abgaben oder wiederkehrende Kosten zu haben. Und daran gab es nichts zu rütteln! Ich rief also meinen Steuerberater an und teilte ihm mit, dass ich seine Berechnung schlicht nicht akzeptierte und wir einen anderen Weg finden müssten. Da antwortete er mir ganz ruhig und so als wäre das schon immer selbstverständlich gewesen, dass es natürlich noch eine andere Möglichkeit gebe, nämlich mittels eines Gutachters den tatsächlichen Wert des verkauften Hauses im Nachhinein berechnen zu lassen und aufgrund bestimmter steuerrechtlicher Gegebenheiten würde sich dadurch die Höhe der Steuernachzahlung voraussichtlich beträchtlich reduzieren. Na also, geht doch, dachte ich mir! Dies war nun schon der erste Schritt magischer Umgestaltung der Gesetzmäßigkeiten meiner Welt. Denn zuvor stand die von ihm berechnete Zahl da ja schwarz auf weiß auf dem Papier und wäre damit vermutlich von vielen Menschen einfach so als „gottgegeben" hingenommen worden. Nicht aber für denjenigen, der weiß, dass er in seiner wahren Komfortzone immer der kraftvolle, magische Schöpfer seines Lebens ist! Soweit so großartig. Aber es kam noch viel besser! Um die Geschichte abzukürzen: Ich gab in den kommenden Wochen das erforderliche Gutachten in Auftrag und wartete dann einfach ab, in meiner Komfortzone und mehr oder weniger zuversichtlich, dass der am Ende an Steuern zu zahlende Betrag erheblich geringer ausfallen würde als der zunächst berechnete. Und was soll ich sagen – das Ergebnis war wahrlich magisch und tatsächlich jenseits meiner Vorstellungen! Als ich nämlich ein halbes Jahr später meinen Steuerbescheid in Händen hielt, hatte sich der zu zahlende Betrag tatsächlich reduziert – und zwar auf sage und schreibe 0,- Euro! Da stand sogar, dass ich noch 10 Euro von einer Vorauszahlung *zurückbekommen* würde! Kein Scherz! Das war nun wahrlich ein ganz anderes „Schwarz-auf-Weiß" als ich es noch vor einigen Monaten in Händen gehalten hatte! Aufgrund meiner klaren und unumstößlichen Entscheidung *für* meine Komfortzone, für dasjenige Leben, in dem ich mich am meisten in meinem höchsten Potenzial und meiner höchsten Freude fühlte, waren, ganz im Sinne Thoreaus, die „alten Gesetze" tatsächlich zu meinen Gunsten „in freierem Sinne" ausgelegt worden - und eine entsprechende Wirklichkeit hatte sich ganz neu geformt! Dieses Ergebnis hat sogar mich „alten" Komfortzonen-Magier noch überrascht. Aber es ist keineswegs eine Ausnahme in meinem bisherigen Leben geblieben. Ich werde gerne noch weitere Beispiele im Laufe dieses Buches mit dir teilen.

Lass uns aber nun zunächst einmal etwas genauer betrachten, wie diese Umgestaltung der Wirklichkeit vonstatten ging. Was ist hier passiert, das dazu geführt hat, dass die Macht meiner Komfortzone ihre Wirkkräfte entfaltet und entsprechend neue Welten für mich kreiert hat? Der wichtigste und grundlegende erste Schritt war: **Ich habe mich bewusst für mein Wohlbefinden entschieden und alles, was dem nicht dienlich war, schlicht und einfach nicht akzeptiert.** Diese Entscheidung ist grundlegend und immer der erste

Schritt auf dem Weg in deine Komfortzone: **Entscheide dich**, im Wortsinne! Das heißt, hebe die Trennung, die Scheidung, auf zwischen dir und dem, was deiner wahren Komfortzone entspricht! Indem du dich ent-scheidest, beseitigst du die (künstliche) Trennung zwischen dir und deiner Komfortzone, die Trennung zwischen dir und dir, könnte man sagen. Diese Trennung ist immer eine künstliche und deshalb agierst du mit dem Rückenwind deiner Natur, wenn du sie beseitigst. Geschehen kann dies aber nur, wenn du es auch für möglich hältst und dich eben aktiv, klar und felsenfest ent-scheidest. Dann ist alles möglich, alles natürlich. Denn du bist dann nicht mehr getrennt von deinem wahren Sein. Du hast dich ja ent-schieden.

Ich habe im nächsten Schritt diese Ent-Scheidung dann dem Universum auch **mitgeteilt**, unter anderem, indem ich meinem Steuerberater klargemacht habe, dass er einen anderen Weg zu finden hat. Die sich mir daraufhin bietenden entsprechenden **Einladungen** des Universums habe ich dann aktiv angenommen, indem ich den Gutachter engagiert habe. Diese Einladungen und Möglichkeiten habe ich während des Prozesses auch immer wieder mit großer Dankbarkeit gefeiert, was wiederum mein **Wohlbefinden genährt** und meine Schwingung weiter erhöht hat. Was am Ende stand, war nicht weniger als eine **neue Wirklichkeit**, die nicht nur vollkommen meiner Komfortzone entsprach, sondern diese sogar noch vertiefte, mich also noch mehr

Wohlgefühl und Freude empfinden ließ als ich es mir anfangs je hätte ausdenken können!

Als nächstes möchte ich deine Aufmerksamkeit auf einen bestimmten Aspekt meiner oben erzählten Geschichte lenken, der dir zu einer weiteren, beim Erschaffen deines großartigen Lebens in deiner wahren Komfortzone sehr hilfreichen Erkenntnis verhelfen kann. Du erinnerst dich: Was war einer der Hauptgründe, warum am Ende das Ergebnis vorlag, das meiner Komfortzone mehr als entsprach? Richtig: dass ich etwas anderes schlicht nicht akzeptierte! Die Erkenntnis, die ich dir hier mit auf den Weg geben möchte, lautet: **Sturheit ist dein bester Freund!** Was?? Sturheit? Ja genau! Sturheit! Diese Eigenschaft, von der dir deine Eltern immer einzureden versucht haben, dass sie etwas Schlechtes sei.

Was meine ich damit? Nun, ganz einfach: Wenn du etwas als für das Leben in deiner wahren Komfortzone förderlich oder notwendig erkannt hast, dann vertraue fest auf die oben beschriebenen Zusammenhänge, die schon Thoreau beschrieben hat, und lasse dich durch absolut nichts davon abbringen, dieses Etwas in deinem Leben zu haben! Wenn mich jemand fragt, was ich selbst für meine beste Eigenschaft halte, dann sage ich tatsächlich oftmals: meine Sturheit! Ja wirklich. Denn ich akzeptiere einfach bestimmte Dinge nicht in meinem Leben, die *nicht* Teil meiner wahren Komfortzone sind. Und ebenso wenig akzeptiere ich, dass mir andere

Dinge vorenthalten werden, wenn ich der Überzeugung bin, dass diese Teil meiner Komfortzone sind und deshalb in meinem Leben sein sollten. Wenn wir dem bekannten Bild des „bockigen Kindes", welches oft mit Sturheit assoziiert wird, alle negativen Aspekte wie Anspannung, Wut und Frustration – die ja einzig aus seiner empfundenen Machtlosigkeit entstehen – einmal wegnehmen, welche Qualitäten eines sogenannten sturen Menschen bleiben dann? Klarheit, Kraft und Fokus! Sturheit ist so gesehen tatsächlich eine überaus positive Eigenschaft, die einzig durch gesellschaftliche Prägung negativ konnotiert worden ist.

Eine schöne Ergänzung dazu von einem anderen Blickwinkel aus gibt uns die amerikanische Manifestations-Trainerin Regan Hillyer in einem Interview, wenn sie sagt:

> „Wir mögen im Leben vielleicht nicht immer genau das bekommen, wovon wir träumen, aber wir bekommen das, was wir *tolerieren.* (…) Wir erhalten unseren Mindeststandard, garantiert. Wenn ich mit Menschen arbeite, frage ich sie daher immer: Was ist dein Traum? Was ist deine Vision? Und damit verbinden wir uns. Doch dann schauen wir uns ihre *aktuelle* Realität an, denn deine gegenwärtige Reali-

> tät ist ein direkter Spiegel all dessen, was du im Moment *tolerierst.*"[2]

Wenn du dich also in deinem Leben, deiner aktuellen Wirklichkeit umschaust, frage dich doch einmal: „Was toleriere ich hier, obwohl es eigentlich nicht meiner wahren Komfortzone entspricht?" Warum tolerierst du es? Und ist es vielleicht an der Zeit, hier eine neue Wirklichkeit zu erschaffen, ausgestattet mit der großen Kraft deiner Komfortzone?

An dieser Stelle möchte ich gerne ein weiteres Beispiel aus meinem Leben mit dir teilen, anhand dessen wir uns diesen Aspekt noch einmal deutlich vor Augen führen und uns in der Folge schließlich die Schöpfungsprinzipien deiner wahren Komfortzone ableiten können:

Da meine Frau und ich Dauerreisende sind, war es für uns von Anfang an sehr wichtig, ein Bankkonto mit einer Karte zu haben, mit der man überall auf der Welt ohne Gebühren problemlos bezahlen und Geld abheben kann. Zudem wollten wir, dass es ein amerikanisches Konto ist, da wir darauf Mieteinnahmen aus einer US-Quelle erhalten können wollten. Nachdem wir uns bereits entschieden hatten, Dauerreisende zu wer-

---

[2] *https://www.youtube.com/watch?v=nq2MCxXn3vg, Minute 55:55-56:27. Zitat übersetzt aus dem Englischen von Christoph Hetzenecker.*

den – übrigens auch eine Entscheidung *für* unsere Komfortzone, dazu später noch mehr – fehlte uns ein solches Konto aber noch längere Zeit. Da unsere Komfortzone in dieser Hinsicht also noch nicht Teil unseres Lebens war, konnten wir das natürlich so nicht stehen lassen.

Ich recherchierte also ein wenig und fand heraus, dass es tatsächlich eine Bank in den USA gab, die all unsere Anforderungen erfüllte und komplett unserer Banking-Komfortzone entsprach: kostenloses Bankkonto, kostenlose Debitkarte, kostenlose Zahlungen überall auf der Welt und man bekam sogar noch die Automatengebühren beim Geldabheben zurückerstattet! Wow! Das war unser Konto! Das Problem war nur: Es gab auf der hawaiianischen Insel Kaua'i, wo wir damals gerade waren, keine Filiale dieser Bank… Doch nun kommt der erste Schritt unserer Komfortzonen-Schöpfungsprinzipien ins Spiel: Ich hatte mich dafür **entschieden**, dass dieses Bankkonto Teil meiner Komfortzone war und nun blieb ich **stur** dabei, dass es deshalb in unserem Leben sein würde! Ich recherchierte also die Filialen der Bank und siehe da: in Honolulu, auf der Nachbarinsel Oahu gab es eine! Ich zögerte nicht lange und suchte einen Flug nach Honolulu mit dem Ziel, die Filiale aufzusuchen und dort unser Konto zu eröffnen. Damit tat ich einen weiteren Schritt hin zu meiner wahren Komfortzone: **Ich teilte dem Universum unmissverständlich meine Entscheidung und meine Entschlossenheit mit.** Wie zu erwarten war, folgte daraufhin sogleich der nächste Schritt: **eine Einladung des Universums**, den Weg in die Komfortzone auch wirklich zu gehen. Ich fand nämlich ein super Angebot, mit dem ich für wenig Geld nach Honolulu und zurück fliegen konnte. Ich buchte es sofort, feierte meinen Entschluss und freute mich wie ein kleines Kind auf meinen Tagesausflug nach Honolulu (nächster Schritt: **nähren des Wohlbefindens und damit erhöhen der eigenen Schwingung**).

Als der Tag gekommen war, stieg ich frohen Mutes ins Flugzeug, fand in Honolulu angekommen auch sogleich die Bank-Filiale, betrat sie – und da bot sich mir Gelegenheit, die Schöpfungsprinzipien meiner Komfortzone gleich noch einmal auf Herz und Nieren zu testen: Denn die freundliche Mitarbeiterin der Bank teilte mir mit, dass sie für Ausländer ohne Wohnsitz in den USA leider keine Konten eröffnen könne... Damit hatte ich nicht gerechnet und das war nun ein Punkt, an dem sich wiederum die Meisterschaft des Komfortzonen-Magiers zeigen durfte. Erinnerst du dich an das Schreiben meines Steuerberaters mit der hohen Nachzahlung aus meinem ersten Beispiel? Dieser Moment war ein wenig ähnlich und erstmal natürlich ein Schock, denn ich war doch extra per Flugzeug aus Kaua'i angereist! Aber: Der Komfortzonen-Magier weiß, dass er sich von so etwas nicht verunsichern lassen darf. Und das möchte ich dir an dieser Stelle auch erneut ans Herz legen: Wenn du weißt, dass etwas deiner wahren Komfortzone entspricht, dann vertrauen dem Universum und den Schöpfungsprinzipien! Sie werden dir den Weg dorthin ebnen. Ich atmete also tief durch, **reinigte mein Feld** und teilte der Bankmitarbeiterin wahrheitsgemäß mit, dass ich von einem Freund von den großen Vorteilen eines Kontos in ihrem Hause gehört hätte und deshalb extra den ganzen Weg von Kaua'i hierher gekommen sei, um diese Chance zu ergreifen, und dass ich deshalb sehr dankbar wäre, wenn man doch etwas für mich tun könne. Sie sagte, sie werde mit ihrer Vorgesetzten sprechen und verschwand. Ich hatte damit also erneut mein **commitment** für meine wahre Komfortzone klar und deutlich ans Universum kommuniziert – und die erneute **Einladung** folgte auf dem Fuße! Eine Viertelstunde später kam die Filial-Chefin persönlich zu mir und teilte mir mit, man könne mir als Ausländer tatsächlich nicht mit einem normalen Bankkonto dienen – aber es gebe die Möglichkeit, mir einen Brokerage-Account zu eröffnen! Den könnte ich dann einfach wie ein normales Girokonto verwenden. Eine Debitkarte sei da normalerweise nicht dabei, aber es wäre möglich, eine solche kostenlos dazu zu bestellen. Voilà! Ich feierte diese großartige Wendung der Dinge von ganzem Herzen und auf dem Rückweg im Flugzeug grinste ich übers ganze Gesicht (**Wohlbefinden nähren**). In den nächsten Tagen gab es noch ein paar bürokratische Hürden zu nehmen, die online zu erledigen waren, und ungefähr zwei Wochen später hielten wir unsere kostenlose Girokarte mitsamt Konto eben jener Bank, die unserer wahren Komfortzone entsprach, glücklich in den Händen (letzter Schritt: **Emp-**

fangen der neuen Komfortzonen-Wirklichkeit)! Heute, drei Jahre später, ist dieses Konto noch immer unser am meisten genutztes Alltagskonto. Komfortzonen-Magie erneut geglückt!

Ich könnte noch viele weitere Beispiele für dieses Phänomen anführen, das wir in unserem Leben wirken sehen können, sobald wir tatsächlich die Ent-Scheidung für unsere jeweilige Komfortzone getroffen haben. Aber stattdessen möchte ich dich einladen, deine eigenen Beispiele zu kreieren! Es ist wunderschön und erhebend, mehr und mehr zu lernen, dieser großen Kraft in deinem Leben, der Kraft deiner wahren Komfortzone zu vertrauen und sie bei der Entfaltung ihrer Wirkung zu beobachten.

Wie du mehr Klarheit darüber gewinnst, wie deine wahre Komfortzone in den verschiedenen Bereichen deines Lebens genau aussieht, werden wir in den kommenden Kapiteln ausführlich erforschen. An dieser Stelle wollen wir jetzt noch einmal zusammenfassen, wie du mit der Kraft deiner Komfortzone deine Welt kreierst, und die einzelnen Schritte, die wir aus den Beispielen oben ableiten können, übersichtlich darstellen. Hier kommen sie also, die magischen Schöpfungsprinzipien deiner Komfortzone:

Die magischen Schöpfungsprinzipien deiner Komfortzone

1. Initiale **Ent-Scheidung** für deine (jeweilige) Komfortzone (stur und klar).
2. Reinigung und Reinhaltung deines Feldes (bspw. mit den Tools aus Kapitel 3).
3. Deutliche **Mitteilung** deiner Entscheidung ans Universum (Commitment).
4. Aktives Annehmen und Feiern der eintreffenden **Einladungen** des Universums.
5. Bewusstes **Nähren** deines Wohlbefindens (= weitere Erhöhung deiner Schwingung).
6. **Empfangen** und Leben deiner neuen Komfortzonen-Wirklichkeit.

Diese sechs Schritte sind sozusagen die **Blaupause für die Schöpferkraft des Komfortzonen-Magiers**. Du kannst im Laufe des Buches immer wieder zu dieser Seite zurückkehren und sie noch einmal durchlesen, falls du dir bei der praktischen Erforschung und Manifestation deiner wahren Komfortzone(n) einmal unsicher sein solltest und Führung benötigst.

An dieser Stelle können wir die Frage aus der Überschrift dieses Kapitels („Was bringt mir das eigentlich?") also bereits recht zufriedenstellend beantworten mit: Nichts Geringeres als die komplette, magische Neuschöpfung (d)einer wundervollen Welt! Ich würde sagen, das ist doch ein hinreichender Grund, deiner Komfortzone endlich mal eine Chance zu geben, oder?

Damit haben wir nun schon ziemlich eindrucksvolle Argumente und Beispiele für die magische Kraft deiner Komfortzone zusammengetragen. Trotzdem ist dieses Kapitel hier noch nicht zu Ende, denn wir wollen uns nun noch die Gründe dafür ansehen, warum es auch einfach sinnvoller ist und besser funktioniert, dein Leben aus der Kraft deiner wahren Komfortzone heraus zu erschaffen, als dies nicht zu tun.

Warum es Sinn macht, mit der Kraft deiner wahren Komfortzone dein Leben zu erschaffen

Stewart Blackburn, ein überaus geschätzter Lehrer und Mentor von mir, der auf Big Island, Hawai'i lebt, schrieb einmal einen Artikel mit dem Titel *„No Pain, No Gain?"*, in dem er darüber spricht, dass Schmerz und Leid heutzutage noch immer recht populäre Wege sind, um sich in unserer Welt weiterzuentwickeln und Ziele zu erreichen. Er weist dann sehr richtig darauf hin, dass dieses Vorgehen, welches außerhalb unserer wahren Komfortzone stattfindet, allerdings eben nur eine *Möglichkeit* ist. Eine Spielregel sozusagen (wir erinnern uns an Kapitel 3), deren Anwendung zwar durchaus funktionieren kann, aber eben keineswegs alternativlos ist, auch wenn die meisten Menschen das aufgrund gesellschaftlicher Prägung glauben mögen:

> „Wenn wir unsere Aufmerksamkeit auf das richten, was wir wollen, kommt es im Allgemeinen zu uns. Wenn wir beschließen, dass das nur durch harte Arbeit möglich ist, werden wir reichlich Beweise dafür erhalten, dass das wahr ist. Und wenn wir beschließen, dass ein etwas magischerer Ansatz funktioniert, werden wir auch dafür Beweise erhalten. (…) Müssen wir also hart arbeiten und leiden, um das zu bekommen, was wir wollen? Wir können, wenn wir möchten. Wenn wir uns aber entscheiden, einen weniger schmerzhaften Weg zu finden, steht uns auch dieser offen.“[3]

Ich liebe diesen Artikel und die Gedankengänge, zu denen er uns einlädt, und möchte dir definitiv ans Herz legen, ihn zu lesen. Ich stimme dem, was Stewart dort schreibt, hundertprozentig zu und möchte die Aussagen des Artikels an dieser Stelle noch ergänzen: Es ist nämlich nicht nur unnötig, dass du durch Härte, Schmerz und Unwohlsein – also außerhalb deiner wahren Komfortzone – etwas erschaffst oder erreichst.

---

[3] *https://stewartblackburn.com/articles/f/no-pain-no-gain. Zitat übersetzt aus dem Englischen von Christoph Hetzenecker.*

Vielmehr ist es sogar weitaus *effektiver*, wenn du dies mit Liebe, Freude und Wohlbefinden, also *innerhalb* deiner wahren Komfortzone tust! Warum ist das so? Nun zum einen unterstützen uns, wie wir bereits gesehen haben, bestimmte kosmische Gesetzmäßigkeiten und geben uns Rückenwind, wenn wir den klaren Impulsen unserer Seele und den Einladungen unserer wahren Komfortzone folgen. Das allein wäre schon ein starkes Argument. Doch es gibt noch weitere praktische Gründe, warum es so sinnvoll ist, mit der Kraft deiner Komfortzone, mit Liebe, Freude und Begeisterung, dein Leben zu gestalten: Es funktioniert einfach besser *und* fühlt sich dabei auch noch viel besser an! Schauen wir uns das genauer an:

Im Huna, der schamanischen Tradition Hawai'is, in der ich ausgebildet wurde und von der vieles, was ich lehre, inspiriert ist, wird unter anderem der Kraft des *Aloha* große Bedeutung beigemessen. Das hawaiianische Wort *Aloha* ist nämlich nicht nur eine bekannte Grußformel aus Hawai'i, sondern bedeutet übersetzt auch Liebe, beziehungsweise genauer: „Das freudvolle Teilen des Atems des Lebens im gegenwärtigen Augenblick". Im Grunde steckt in diesem einen Wort also eine Kurzanleitung zum Erschaffen eines glücklichen Lebens! Im übertragenen Sinne könnte man auch sagen, Aloha lehrt uns, zu lieben und glücklich zu sein. Und wenn du nun mit dir selbst und deiner Umwelt eine Aloha-Beziehung eingehst, also deine Welt aus einer Position der Freude und der Liebe heraus kreierst, führt dich das auf direktem Weg - genau: in deine wahre Komfortzone! Zumindest dann, wenn du dieses Buch aufmerksam gelesen hast und die darin beschriebenen Prinzipien beachtest. Aloha zu leben ist aus meiner Sicht ein natürlicher Dünger für ein Leben in deiner wahren Komfortzone und umgekehrt wirst du immer mehr Aloha in dein Leben einladen, wenn du in deiner Komfortzone lebst. **Begegne deiner Welt mit Aloha und sie wird dir mit Aloha begegnen!** So einfach ist das.

Warum erwähne ich das Konzept von Aloha an dieser Stelle? Weil es uns zeigt, wie viel kraftvoller und effektiver es ist, aus einem Zustand von Wohlgefühl, Liebe und Freude zu handeln und zu erschaffen – also aus unserem wahren Selbst heraus – als im Modus des K(r)ampfes oder Zwangs. Im Huna nennen wir diesen Ansatz „To love things into being“, also **„Etwas in die Wirklichkeit lieben“**. Kurz gesagt bedeutet das: Wenn du etwas möchtest, dann liebe es! Erlaube dir, deine freudvolle Aufmerksamkeit auf diese Sache und auf die Liebe dazu zu richten. Diese Liebe ist hochgradig energetisierend, konzentriert und hat die Kraft, effektiv und zielgerichtet das zu erschaffen, was du wirklich willst. Und zwar, weil du auf positive Weise auf deinen Wunsch schaust und dir sagst „Alles, was ich tun muss, ist, es lieben, mich damit wohl fühlen, einen entspannten Fokus darauf halten, und es wird geschehen!“ Dieser Ansatz ist weitaus effektiver als wenn du hart und verkrampft an etwas arbeitest und dabei das, was du tust, im Grunde eigentlich hasst und dich dabei schlecht fühlst. Der Schlüssel in beiden Fällen ist **Fokus**: Die Manifestation geschieht, weil du darauf fokussiert bist und somit Energie darauf lenkst. Die jeweilige Energie, die dieser Fokus lenkt, ist aber grundverschieden – und unterschiedlich wirkungsvoll! Wenn du deinen Fokus liebst, wenn du also etwas aus Freude, Liebe und Wohlgefühl heraus ins Sein bringst, wird es schneller und ganz mühelos geschehen. Wenn du hart und verkrampft daran arbeitest, bist du zwar ebenfalls darauf fokussiert, der Schöpfungsprozess wird jedoch deutlich länger dauern – und währenddessen wirst du dich auch noch unwohl fühlen![4]

Ich schätze diesen Ansatz sehr, denn er funktioniert nicht nur weitaus besser, sondern es löst auch noch ein Gefühl tiefer Befreiung und Entspannung aus, wenn du dir die erläuterten Zusammenhänge bewusst machst. Denn letztendlich ist es genau das, was unser inneres Kind sich im Grunde wirklich von der Welt wünscht: dass die Dinge durch Liebe und in Leichtigkeit ins Sein kommen, anstatt mit Härte und großer Anstrengung erzwungen werden zu müssen.

Oft scheint es ja, als wolle uns die Welt da draußen (zumindest die alte, die nun zunehmend ihrem Ende entgegengeht) das Gegenteil glauben machen: nämlich

---

[4] *Siehe dazu mein Gespräch mit Stewart Blackburn auf Big Island, Hawai'i, das auf meinem YouTube-Kanal verfügbar ist: https://youtu.be/hD3NhGnHfm0?si=EKIxcq_dcnJawPFE, Minute 29:57-31:53*

dass wir nur mit Anstrengung, Zwang, Konkurrenzdenken und Kontrolle etwas erreichen können. Freude, Liebe, Kooperation, Entspannung und Fließen gelten (oder galten?) dagegen als schwach und ineffektiv. Doch bei genauerem Hinsehen merken wir eben: Das ist überhaupt nicht der Fall! Im Gegenteil – die zuerst genannten Eigenschaften verbrauchen in Wirklichkeit so viel mehr unserer Energie bei oftmals wenig oder sich sehr schwerfällig anfühlendem Fortschritt. Wenn wir aber mit Liebe anstatt Angst, mit Freude anstatt Zwang und in Harmonie anstatt Rivalität handeln, stellen wir fest, dass sich bessere Ergebnisse einstellen, wir besser und schneller lernen, mehr Ideen haben, sich für uns mehr Möglichkeiten auftun - und wir uns dabei auch noch großartig fühlen![5] Professionelle Tiertrainer beispielsweise haben diesen Sachverhalt längst verstanden und bauen ihre Arbeit ausschließlich auf positiver Verstärkung auf, niemals auf Zwang oder Bestrafung. Wann aber hörst du auf, dich selbst zu zwingen und zu bestrafen? Richtig: Am besten jetzt sofort, indem du dein Leben von jetzt an aus der Kraft deiner wahren Komfortzone heraus lebst!

Dein Wohlbefinden formt deine Wirklichkeit

Denn diese Kraft beeinflusst eben nicht nur deine innere Welt, sondern gleichermaßen deine äußere Wirk-

---

[5] *Siehe dazu auch Serge Kahili King: Why we teach Aloha (https://www.youtube.com/watch?v=s1FdjHVjNso)*

lichkeit. Indem du dich auf positive Gefühle und Gedanken fokussierst, dein Leben mehr und mehr in deiner wahren Komfortzone lebst und aus ihr heraus kreierst, wirst du automatisch noch mehr positive Erfahrungen und Begegnungen in dein Leben ziehen. Du wirst offener für Chancen, resilienter in Krisen und empfänglicher für Glücksmomente. Positive, liebevolle und freudvolle Gedanken, Gefühle und Handlungen, also genau jene, die du erlebst und erschaffst, wenn du dir erlaubst, *in* deiner (wahren) Komfortzone zu leben, führen dich viel schneller und leichter ans Ziel. Und sie verstärken sich dabei auch noch gegenseitig und beeinflussen deine Grundschwingung und deine Wirklichkeit unmittelbar positiv! Die Kraft des Wohlbefindens ist ein fundamentales Element deines Daseins, das du bewusst nutzen solltest, da es deine Realität formt und deine Erfahrungen beeinflusst.

Dass dies so ist, zeigen beispielsweise auch die Forschungen von Gregg Braden, Bruce Lipton oder Joe Dispenza, um nur die Bekanntesten zu nennen. Vielleicht hast du in diesem Zusammenhang auch bereits von der Bewusstseinsskala nach Dr. David Hawkins gehört, die verschiedene Emotionen verschiedenen Schwingungsgraden zuordnet. Noch praktischer und differenzierter finde ich die **Emotional Guidance Scale** nach Abraham Hicks, die uns schön veranschaulicht, welche große Bandbreite von Gefühlen (und damit Schwingungen) wir eigentlich als Menschen erzeugen können und dass wir diese wie Wellen oder Spiralen „reiten“ können – oder uns eben von ihnen „reiten lassen“… Je nachdem. Du entscheidest.

Emotional Guidance Scale nach Abraham Hicks:

– Aufwärtsspirale –

7. Freude/ Wertschätzung/ Segnung/ Freiheit/ Liebe

6. Leidenschaft

5. Begeisterung/ freudige Erregung/ Fröhlichkeit

4. Positive Erwartung/ Glaube

3. Optimismus

2. Hoffnung

1. Zufriedenheit

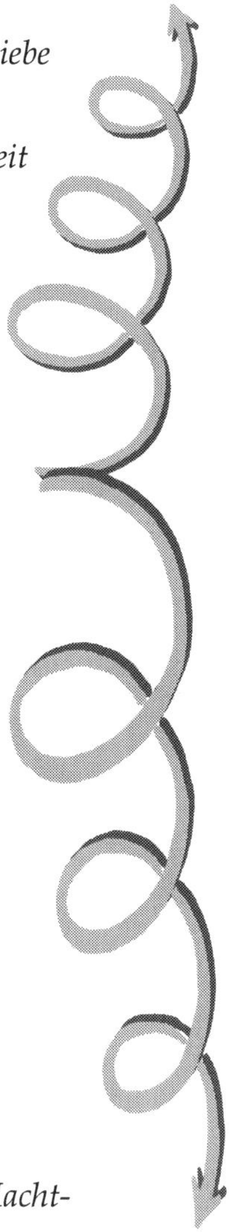

– Abwärtsspirale –

1. Langeweile

2. Pessimismus

3. Frustration/ Irritation/ Ungeduld

4. Überforderung

5. Enttäuschung

6. Zweifel

7. Sorge

8. Tadel/ Beschuldigung

9. Entmutigung

10. Ärger

11. Rache/ Hass/ Wut

12. Eifersucht

13. Unsicherheit/ Schuld/ Unwürdigkeit

14. Angst/ Trauer/ Depression/ Verzweiflung/ Machtlosigkeit

Lass mich dir zunächst ein paar einfache Fragen zu dieser Skala stellen: Wenn du dir die einzelnen Gefühle in dem Schaubild oben einmal ansiehst: wie fühlen sie sich an? Und wie hoch oder niedrig schwingt dein System wohl jeweils, während du sie fühlst? Und was kreieren diese Schwingungen dann wohl entsprechend in deiner Wirklichkeit? Genau…! Ich denke die Antwort erschließt sich hier von selbst.

Als nützlichen Tipp für den Umgang mit der „Emotional Guidance Scale“ leitet Abraham aus den obigen Erkenntnissen übrigens eine simple und praktische Faustregel ab: *„The better you feel the more you should milk it, the worse you feel the more you should try to ignore it“*, also: „Je besser du dich fühlst, desto mehr solltest du diesen Zustand ausdehnen und darin schwelgen, je schlechter du dich fühlst, desto mehr solltest du versuchen, das zu ignorieren“. Wie wir in Kapitel 6 noch sehen werden, würde ich nicht pauschal dazu raten, negative Gefühle einfach komplett zu ignorieren, sondern sie eher auf ihre Aussage hin zu befragen und dann bewusst zu transformieren. Dennoch ist Abrahams Faustregel sehr hilfreich und ich möchte sie dir an dieser Stelle mit auf den Weg geben, weil sie dich an einen entscheidenden Aspekt erinnert: DU selbst bist es, der/die seine/ihre Gedanken, Gefühle und damit generelle Schwingungsfrequenz steuern kann! Du und niemand anders.

Ich lade dich also ganz im Sinne Abrahams herzlich dazu ein: **Werde doch von nun an ganz bewusst ein Connaisseur/ eine Connaisseuse angenehmer Gefühle!** Suche nach ihnen mit der Motivation und Zielsicherheit eines Trüffelhundes! Schwelge darin, kreiere und genieße sie ganz bewusst! Und wie geht das am besten? Du wirst es schon vermutet haben: Natürlich, indem du deine wahre Komfortzone in jedem Bereich deines Lebens findest, wertschätzt und betrittst! **Durch die bewusste Ausrichtung auf dein Wohlbefinden kannst du aktiv deine Realität gestalten und ein Leben voller Erfüllung, Sinnhaftigkeit und Freude erschaffen.** Zudem ist jeder Schritt, den du auf dem Weg in deine wahre Komfortzone gehst, auch ein Schritt hin zu einer Welt, die von Liebe, Freude und Frieden geprägt ist.

Und so sind wir nun also wieder bei der Ausgangsfrage dieses Kapitels und erkennen den so simplen, wie überzeugenden Grund, warum es Sinn macht, aus der großen Kraft deiner Komfortzone heraus dein Leben zu leben: Es funktioniert letztlich einfach besser, als es nicht zu tun - und ist noch dazu um einiges angenehmer! Oder um es mit den Worten von Abraham auszudrücken:

> „Wenn die Beziehung zwischen dir und dem, der du wirklich bist, für dich von zentraler Bedeutung ist, wenn es deine Priorität ist, dich gut zu fühlen, dann wird alles andere von selbst an seinen Platz fallen."
>
> - Abraham Hicks

Schöner hätte ich es nicht sagen können. Abraham hat vollkommen recht: **Wenn du dein Wohlbefinden, deine höchste Freude und größte Authentizität zur Priorität in deinem Leben machst, wird deine Welt sich neu ordnen und der Weg deiner Seele wird sich vor deinen Augen auftun!**

Bevor wir uns deshalb im übernächsten Kapitel der eigentlichen Erforschung *deiner* individuellen Komfortzone(n) widmen, möchte ich zuvor noch eine mögliche Irritation aus dem Weg räumen. Und zwar wollen wir sozusagen den „Gegenspieler" deiner wahren Komfortzone kennenlernen und herausfinden, was wir von ihm lernen können. Dazu wollen wir uns ansehen, was eigentlich hinter dem herkömmlichen „Komfortzonen-Narrativ" steckt, was seine ursprüngliche, durchaus redliche, aber eben verzerrte Intention gewesen sein könnte – und ob wir daraus etwas nützliches für den Weg in unsere wahre Komfortzone mitnehmen können.

Kapitel 5

Der mögliche Gegenspieler Deiner Komfortzone: Die Couchpotatoe-Zone

„Es geht darum, die Wahrheit zu erkennen:
‚Es war doch so bequem' - das ist nicht die Wahrheit!
Es war eben nicht bequem, im Sinne von gut! Es war einfach so.
Und das ist ok, aber dieses wirkliche sich selbst Spüren,
dieses wirklich absolute Empfinden von Freisein, Schöpferischsein
hat in der Vergangenheit nicht so sehr viel Platz gehabt.
Es war für viele von Euch nicht wirklich gut so, wie es war.
Man hat sich eben einfach damit abgefunden."
Meister St. Germain

Wow, ich freue mich, wie weit wir schon gemeinsam gekommen sind! Du hast nun, davon gehe ich aus, auf einer tieferen Ebene wirklich verstanden und angenommen, dass im Grunde all deine Macht, deine Schöpferkraft und dein Potenzial an einem „Ort" zu finden sind, der sich als deine wahre Komfortzone bezeichnen lässt.

Und wie du vielleicht auch bemerkt hast, habe ich in diesem Buch von Anfang an immer wieder mal das Wörtchen „wahre" vor das Wort „Komfortzone" gesetzt. Falls du dich gefragt hast, was das eigentlich zu bedeuten hat - jetzt erhältst du die Antwort! Wenn es eine „wahre" Komfortzone gibt, so fragst du dich vielleicht, gibt es denn dann auch eine „falsche“?! Und die Antwort ist: Nein, eigentlich nicht. Jedoch gibt es das, was uns in der heutigen Zeit eben als *sogenannte* „Komfortzone“ verkauft wird. Und dieses Etwas könnten wir durchaus zunächst einmal als die „falsche Komfortzone“ bezeichnen. Sehen wir uns das näher an:

Ich habe in den vorangehenden Kapiteln bereits ausführlich erläutert, in welch verzerrter Art und Weise das Wort „Komfortzone“ heutzutage verwendet wird und welche fatalen Folgen das für unser Wohlergehen hat. Nun wollen wir eine letzte Irritation beseitigen, die deinen Verstand möglicherweise noch davon abhalten könnte, den Shift in eine neue Welt des Wohlbefindens endlich zu vollziehen. Es könnte nämlich sein, dass in den verborgenen Winkeln deines Denkens noch immer ein kleiner nagender Zweifel vor sich hin murmelt: „Aber es hat doch seinen Grund, warum man sagt, man soll ‚seine Komfortzone verlassen‘… Irgendwie macht das doch noch immer Sinn - aber irgendwie auch nicht mehr…“ Um diese Verwirrung aufzulösen, wollen wir uns jetzt einmal ansehen, was denn eigentlich dahinter steckt, was also die ursprüngliche Idee des aktuell (noch) herrschenden Komfortzonen-Narrativs gewesen sein mag. Denn die meisten Missverständnisse haben einen durchaus nachvollziehbaren Ursprung, der Aufgrund des Missverständnisses jedoch vollständig verschüttet wurde und daher nicht mehr wirklich brauchbar ist. Wir wollen nun einmal versuchen, diesen Ursprung für das destruktive Komfortzonen-Narrativ freizulegen und sehen, ob es in seinem Kern etwas nützliches für uns bereit hält.

Die Idee hinter dem aktuell verbreiteten Gebrauch des Begriffs Komfortzone ist ja in etwa folgende: Unser konditionierter Verstandesanteil, das kleine (Nicht-) Selbst, welches all den Schutt an Programmierungen und Glaubenssätzen noch nicht beseitigt hat (du erinnerst dich an Kapitel 3) und deshalb noch handlungsunfähig darunter begraben liegt, ist an sich ein recht einfallsloses und zugleich ängstliches Kerlchen. Es *glaubt* daher, sich wohl zu fühlen mit dem, was es schon kennt und was es „immer schon so gemacht" hat. Die Welt da draußen ist für das kleine konditionierte (Nicht-)Selbst tendenziell ein gefährlicher Ort und deshalb erscheint es ihm einfach sicherer, dort zu bleiben, wo es jetzt ist – egal ob es sich in Wahrheit etwas anderes wünschen würde. Genau das ist aber der entscheidende Punkt: Die eigenen Wünsche und wahren Bedürfnisse spielen dabei keine Rolle und werden ignoriert. Klarerweise kann sich dadurch aber überhaupt nichts verändern - schon gar nicht zum Besseren - was aber ja von dem kleinen (Nicht-)Selbst auch genau so gewollt ist… Also: Mission accomplished!

Aufgrund dessen, dass unser kleines (Nicht-)Selbst sich zuhause auf dem Sofa also *scheinbar* wohler fühlt als im Leben seiner Träume, wird nun verheerenderweise dieser Bereich, in dem Stagnation und Altbekanntes vorherrschen, gemeinhin als „Komfortzone" bezeichnet, die es dann – natürlich mit einiger Anstrengung und unter Aufwendung von reichlich Disziplin und Selbstkasteiung – möglichst zu verlassen gilt. Warum das ein ziemlich fatales Missverständnis und eine recht dumme Idee ist, hast du in den vorangegangenen Kapiteln ausführlich erfahren.

Der große Clou daran ist nun aber: *Falls* (!) du, ja genau DU mit deinem ganzen Sein, all deinen Gedanken, Wünschen, Bedürfnissen, Visionen, Ansichten, inneren Bildern und äußeren Erfahrungen dich *tatsächlich* rundum komfortabel und wohl fühlst, da wo du gerade bist in deinem Leben – dann gibt es absolut keinen Grund, das Leben, das du führst, zu verändern und die „Zone", in der du dich befindest (wie auch immer du sie nennen magst) zu verlassen! Wieso auch? Das wäre doch im Grunde nichts als Selbstsabotage! Sollte dies allerdings *nicht* der Fall sein, sollte es da also Unzufriedenheit in deinem Leben geben und solltest du auf die Frage, wie es dir geht, maximal mit „passt schon" antworten können, ja… dann bist du schlicht und einfach *nicht* in deiner wahren Komfortzone! Und deshalb besteht auch gar keine Notwendigkeit, diese zu verlassen. Im Gegenteil: Es wäre ratsam, sie zu finden und zu betreten! Denn du wärst dann, wenn überhaupt, eben in der „falschen Komfortzone". Und ja: sofern es dann dein Wunsch wäre, etwas an deiner gegenwärtigen Situation zu verändern, solltest du das definitiv tun! **Aber wie du vermutlich selber merkst, passt der Begriff „Komfortzone" eben überhaupt nicht, um jenen**

Zustand zu beschreiben, in dem wir uns befinden, wenn wir in unserem Leben Unzufriedenheit spüren, aber glauben, daran nichts ändern zu können. Denn wir fühlen uns in diesem Zustand ja eben *nicht* komfortabel!

Um uns klar und konstruktiv darüber unterhalten zu können, was uns unter Umständen daran hindern könnte, unsere *wahre* Komfortzone endlich zu betreten und damit im Einklang mit unserem großartigsten, jubelnden Selbst das Leben unserer Träume zu leben, müssen wir also einen neuen Begriff finden. Einen Begriff, mit dem wir den *tatsächlichen* Gegenspieler unserer so heilsamen und zu unrecht in Verruf geratenen Komfortzone bezeichnen können. Einen Begriff, der frei ist von hinderlichen Glaubenssätzen und Narrativen. Ich möchte dazu den Begriff vorschlagen, den meine Frau und ich dafür verwenden: *Couchpotatoe-Zone*!

An dieser Stelle mögen mir alle verzeihen, die voller Freude und Dankbarkeit gerne mal ganze Tage auf ihrer gemütlichen Couch verbringen und Netflix-Serien bingewatchen. Euch meine ich nicht, wenn ich diesen Begriff einführe. Und doch liefert ihr mir zugleich auch ein hervorragendes Beispiel, um den so wichtigen Unterscheid zwischen Komfortzone und „falscher Komfortzone“, also *Couchpotatoe-Zone*, deutlich zu machen: Denn grundsätzlich ist gegen tagelanges Auf-der-Couch-Herumliegen und Netflix-Schauen überhaupt gar nichts einzuwenden, sofern… ja sofern du damit eben vollständig glücklich bist und dir dabei keine Geschichten darüber erzählst, warum das hier ja leider das Einzige ist, was du tun kannst, obwohl du doch *eigentlich* gerade lieber am Strand in Bali auf der Weltreise wärst, zu der deine Seele dich schon so lange inspiriert. Im ersteren Fall (mit Freude und Dankbarkeit das Bingewatchen genießend) wärst du in dem Moment tatsächlich in deiner wahren Komfortzone, also genau da, wo du sein solltest! Wunderbar! Im zweiten Fall (der mit den Geschichten, warum etwas anderes nicht geht) befindest du dich aber definitiv - genau: in der doch eher unerfreulichen *Couchpotatoe-Zone*!

Ich denke, du beginnst langsam, den Unterschied zu verstehen. Lass uns uns die Zeit nehmen und unsere fokussierte Aufmerksamkeit noch einmal ganz genau auf diesen Unterschied richten. Denn genau hier finden wir nun den entscheidenen Mindshift, den uns die Beschäftigung mit dem Thema dieses Kapitels ermöglichen kann: Wenn du in deiner wahren Komfortzone bist, fühlst du dich rundum wohl und es gibt *keinerlei* Grund, daran etwas zu verändern – völlig egal, was die Welt um dich herum dazu sagen mag! Ich sage: Herzlichen Glückwunsch! Befindest du dich allerdings in einem oder mehreren Bereichen deines Lebens in der *Couchpotatoe-Zone*, dann fühlst du dich in diesem Bereich (wenn du ganz ehrlich mit dir bist) eben *nicht* wirklich wohl und schon gar nicht in jubelnd begeistertem Einklang mit dir selbst. Und sofern es dein Wunsch ist, etwas an dieser Situation zu verändern, dann solltest du das definitiv tun und die *Couchpotatoe-Zone* verlassen! **Aber: In diesem Fall wird es sich dann eben auch definitiv besser anfühlen, daran etwas zu verändern, als dies nicht zu tun!** Denn du warst ja eben nicht in deiner Komfortzone! Tadaa! Lies die letzten paar Sätze gerne noch einmal und lasse ihre Bedeutung wirklich in all deine Zellen sinken. Es könnte unter Umständen zu einem großen innerlichen Aufatmen führen… Ich lasse dir mal ein paar Augenblicke Zeit dafür…

In diesem Zusammenhang möchte ich dir wieder ein recht anschauliches Beispiel aus meinem Leben geben: Wenn meine Frau und ich den Menschen erzählen, dass wir vor ein paar Jahren ausgewandert und zu Dauerreisenden geworden sind, sagen viele „Da wart ihr aber mutig und habt eure Komfortzone verlassen!" - und ich sage dann immer: „Nein! Das genaue Gegenteil ist der Fall! Wir haben sie BETRETEN!" Denn in Deutschland war es für uns eben nicht mehr *komfortabel!* Wir fühlten uns dort nicht mehr wirklich wohl und in unserer vollen Kraft, sondern waren, wenn überhaupt, in unserer *Couchpotatoe-Zone* – und haben uns schließlich dazu entschieden, aus dieser auszubrechen und unsere wahre Komfortzone endlich zu betreten! War das mit Abenteuer, Unsicherheit und mancher Herausforderung verbunden? Manchmal sicherlich. War die große Freude, das Wohlgefühl und die Steigerung der Lebensqualität, die in unserer wahren Komfortzone auf uns warteten, aber viel viel größer als das?

Absolut! Und deshalb gab es natürlich nur eine einzige mögliche Entscheidung, und das war die Entscheidung für unser Wohlgefühl, unsere wahre Komfortzone!

Was ich damit sagen will: **Jegliche Entscheidung, die du triffst, darf immer eine Entscheidung für dein Wohlgefühl sein! Und damit wird dir das Treffen dieser Entscheidung immer leichter fallen, als sie nicht zu treffen!** So einfach, und so weltbewegend. Der einzige Fall, in dem Zweifel daran aufkommen könnten – die dann wiederum dazu führen würden, dass sich deine Entscheidungen schwerfällig anfühlen – wäre, wenn du dem herkömmlichen Komfortzonen-Narrativ folgen würdest. Aber das ist nach Lektüre dieses Buches ja nun zum Glück ausgeschlossen.

Hier ein weiteres Beispiel, das den Unterschied zwischen *Couchpotatoe-Zone* und wahrer Komfortzone deutlich macht: Meine Frau ging, wie viele junge Menschen heutzutage, nach dem Abitur zum Studium in eine fremde Stadt, relativ weit weg von ihrem Elternhaus. Sie war generell glücklich und behütet bei ihren Eltern und hätte sicher auch eine Ausbildung oder einen Studiengang in ihrer Heimatstadt (oder in der Nähe) finden können, wenn... ja wenn sie nicht einen brennenden Wunsch, ein Bedürfnis, eine Vision gehabt hätte, die dafür sorgte, dass ihr in ihrer Heimatstadt eben doch etwas fehlte, sie dort eben *nicht* hundertprozentig in ihrer wahren Komfortzone war: Sie wollte Szenographie (Bühnendesign) studieren, ein Studiengang, den es nur an einer Kunst-Akademie in einer weit von ihrem Elternhaus entfernten Stadt gab. Und so entschied sie sich also, das altbekannte und „sichere", aber eben auch nicht mehr vollkommen befriedigende (eben nicht mehr hundertprozentig *komfortable*) „Nest" zu verlassen. Denn sie spürte das starke Bedürfnis, den Ruf, ihrem Leben eine ganz bestimmte Richtung zu geben und sich bestimmte Fähigkeiten anzueignen, die das in ihr vorhandene Potenzial in idealer Weise zum leuchten bringen würden! Die Vorfreude darauf und der Wunsch danach waren so stark, dass sie die Unsicherheiten und Ängste, die mit dem Verlassen des Elternhauses einhergehen, dafür gerne in Kauf nahm. Denn sie wusste: Das Studium der Szenographie war Teil ihrer wahren Komfortzone! Sie hat also bewusst eine Entscheidung *für* ihr Wohlbefinden getroffen. Wäre ihr dieses Studium nicht so wichtig gewesen, wäre es nicht Teil ihrer wahren Komfortzone gewesen, so hätte sie vielleicht das *größere* Wohlgefühl zuhause bei ihren Eltern verspürt und sich selbstverständlich dafür entschieden! In jedem Fall wäre es dann das richtige für sie gewesen. Denn dort wo unsere (wahre) Komfortzone ist, da ist unser Weg.

Zum Abschluss dieses Kapitels lass uns noch einen zusammenfassenden Blick auf jene Faktoren werfen, die dich in deiner *Couchpotatoe-Zone* festhalten *könnten*, wenn du nicht wüsstest, dass es in der *Komfortzone* soviel großartiger ist und du sie deshalb betreten darfst.

Folgende drei Faktoren lassen sich da herausdestillieren:

1. **Vermeintliche Sicherheit des Altbekannten.** Dein konditionierter Verstand glaubt, das, was er schon kennt, sei sicher und daher sei es eine vermeintlich gute Idee, nur immer dort zu verweilen, egal ob sich das gut anfühlt oder nicht. Aber was ist eigentlich wirklich sicher? Ich sage es dir: **Sicher ist einzig und allein, dass du mittels deines Wohlgefühls und deiner Energie deine Welt kreierst!** Fühlst du dich wohl und bist voller Energie? Dann wirst du weiterhin eine entsprechende – und immer besser werdende – Wirklichkeit kreieren und es gibt keinen Grund, daran etwas zu verändern. Ist das jedoch nicht der Fall, wird sich deine Wirklichkeit höchstwahrscheinlich zunehmend in eine Richtung entwickeln, in der du dich im Grunde deines Herzens immer unwohler fühlst und die dir zunehmend Energie entzieht. Verlasse dich also nur auf die Sicherheit, die die große Kraft deiner wahren Komfortzone dir bietet! Denn eine andere gibt es nicht – und braucht es auch gar nicht.

2. **Glaubenssätze und Programmierungen**. Einfach unhinterfragt übernommene Spielregeln, wie beispielsweise „Es ist normal, unglücklich zu sein" oder „Das Leben ist kein Ponyhof" etc., können dafür sorgen, dass du ein Leben in deiner wahren

Komfortzone für scheinbar unmöglich hältst und deshalb gar nicht erst versuchst, sie zu betreten und aus der *Couchpotatoe-Zone* auszubrechen. Dazu haben wir in Kapitel 3 schon viel gehört: Entferne all diesen hinderlichen Schutt restlos! Denn du bist ein grenzenloses Wesen in einem grenzenlosen Universum und ein Leben in deiner Komfortzone ist dein Geburtsrecht.

3. **Vermeintliche Bequemlichkeit**. Verwandt mit Punkt 1: Dein Verstand könnte dir einreden, dass es in der *Couchpotatoe-Zone* ja so bequem ist und daraus auszubrechen ein zu großer Aufwand. Aber wie wir oben gesehen haben, ist das schlicht eine Lüge! **In der Couchpotatoe-Zone ist es nämlich gar nicht wirklich bequem!** Es ist, wie Meister St. Germain im Eingangszitat so treffend sagt, einfach nur das, womit du dich abgefunden hast. Aber wirklich gut anfühlen tut es sich nicht, wenn du ehrlich mit dir bist. Und tut es das doch, dann gibt es keinen Grund, daran etwas zu ändern.

Alle drei Punkte sind im Grunde also nichts weiter als Illusion, ein Mummenschanz, eine große Scharade, inszeniert von dem Anteil in dir, der glaubt (oder vor Lektüre dieses Buches geglaubt hat), dass die Erfüllung deiner Träume sowieso nicht möglich oder der Weg dorthin unweigerlich viel zu anstrengend ist. Die Wahrheit jedoch ist viel freudvoller und angenehmer und liegt woanders: in deiner wahren Komfortzone.

Entfessle also jetzt ihre Kraft und empfange die Wunder, die sich dadurch in deinem Leben entfalten!

Ich würde sagen, es ist Zeit: Du bist nun bereit, *deine* wahre Komfortzone endlich genauer zu erforschen! Wie das geht, erfährst du im nächsten Kapitel.

Kapitel 6

Es kann losgehen! Wohlgefühl, Wünsche und Visionen – Das ultimative Navigationssystem zu dir selbst

„Wohlbefinden ist der Lackmustest der Natur,
ihr Gütesiegel. Wenn der Mensch glücklich
ist, lebt er in Einklang mit sich selbst und
seiner Umgebung."
Oscar Wilde

Jippie, jetzt kommen wir langsam zum wirklichen Spaß, zu den Fahrgeschäften und Zuckerwatte-Ständen deines Vergnügungsparks sozusagen! Denn jetzt wollen wir deine wahre Komfortzone endlich näher kennenlernen und uns geradewegs auf den Weg dorthin begeben!

Wir haben in den vorigen Kapiteln bereits gesehen, warum es sich so sehr lohnt, dein Leben aus der Kraft deines Wohlbefindens, deiner höchsten Freude und deines flowigsten Flows heraus zu gestalten. Die wichtigste Grundlage hast du also bereits erlangt: Dir ist nun, so nehme ich an, absolut klar, dass der Weg *in* deine Komfortzone, derjenige ist, den es zu beschreiten gilt, und nicht der hinaus. Wir haben in Kapitel 3 auch bereits gelernt, mögliche Hindernisse zu beseitigen, die dir diesen Weg versperren könnten. Du bist also bestens ausgerüstet mit praktischen Hilfsmitteln, um dich nun endlich voller Freude auf den Weg zu machen, hin zu einem Leben in deiner wahre Komfortzone! Es ist also nun an der Zeit, dass wir Möglichkeiten erforschen, wie du diese näher kennenlernen oder überhaupt erst einmal finden kannst.

Denn wie bereits erwähnt: Es kann sein, dass du zwar mittlerweile begeistert bist von dem Potenzial jenes wundersame Dings, von dem dieses Buch handelt, dir aber bis zu diesem Punkt deines Lebens noch überhaupt nicht wirklich klar geworden ist, wo oder was genau das für dich eigentlich ist: deine wahre Komfortzone... Das ist aus den in früheren Kapiteln bereits erläuterten Gründen durchaus nicht ungewöhnlich und du solltest dich dafür keinesfalls selbst verurteilen. Denn das Tolle ist ja: Du bist jetzt hier, liest dieses Buch und hast in diesem Augenblick alle Trümpfe in der Hand, um ein ganz neues Kapitel deines Lebens aufzuschlagen – so wie in jedem Augenblick übrigens. Lass uns also nun gemeinsam die Wege in deine wahre Komfortzone erforschen!

Dein Wohlgefühl zeigt dir die Richtung...

Wie wir in Kapitel 4 bereits gehört haben, erhältst du kosmischen Rückenwind, sobald du dir erlaubst, deine wahre Komfortzone zu betreten und ihre Kraft in deinem Leben zu entfesseln. Denn das Universum möchte, dass du dein Leben aus einem Zustand der höchsten

Freude, aus deinem höchsten Potenzial heraus kreierst. Und: Deine Seele hilft dir auch ständig dabei, genau dorthin zu gelangen, indem sie dir in jedem Moment Botschaften und Hinweise schickt! Dies geschieht auf vielfältigen Wegen, von denen wir uns hier einige genauer ansehen werden. Den Anfang macht die offensichtlichste und alltäglichste Form dieser Hinweise – mit ihr bist du, vielleicht ohne es zu merken, bereits bestens vertraut: die Rede ist von deinen Gefühlen!

Ich vergleiche das immer gerne mit dem Navigationssystem im Auto: Ein Leben in der großen Freude und dem Wohlgefühl deiner wahren Komfortzone ist dabei das Ziel, das in dein Seelen-Navi eingespeichert ist. Das Navi beginnt nun automatisch, sich zu melden und dir Anweisungen zu geben, wenn es merkt, dass du dich von der Route, die zum Ziel führt, entfernst. Es sagt dann beispielsweise: „Bitte rechts abbiegen!" und das könnte sich in deinem Leben dann zum Beispiel in einem beginnenden *Unwohlsein* in deinem gegenwärtigen Job äußern, welches, wenn du es ignorierst, immer stärker werden dürfte. Dein Navi möchte dir damit aber nur sagen: „Wenn du an deinem Ziel ankommen möchtest, dann verändere jetzt bitte ein wenig deine Streckenführung!" In diesem Fall also: Ändere die Umstände deiner beruflichen Situation! Soweit so klar. Eigentlich. Wären da nicht die vielen Missverständnisse zum Thema Wohlbefinden, innere Führung und Komfortzone!

Es gibt nun nämlich (nicht wenige) Menschen, die die Strecken-Ansagen ihres Gefühlsnavis einfach komplett ignorieren und sich überhaupt nicht bewusst sind, worauf sie sie eigentlich hinweisen wollen. Aus der Sicht des allgemein (noch) herrschenden Komfortzonen-Narrativs kann das leicht passieren, denn da wurde uns ja eingeredet, dass Unwohlsein, Stress und Härte auf dem Weg zum Erfolg „dazugehören". Und so fahren viele Menschen trotz immer lauter werdender Navi-Ansagen einfach immer weiter, in dem Glauben, sie seien auf dem richtigen Weg.

Eine bloß etwas mehr „spirituelle", aber deswegen nicht weniger irreführende Variante davon ist übrigens das Narrativ vom „Durchfühlen" aller Gefühle, das sich besonders in spirituellen Kreisen großer Beliebtheit erfreut. Es passt recht gut zu dem generellen Energiefeld des gängigen Komfortzonen-Narrativs und seine Anhänger wären in unserem Bild vom Auto-Navi diejenigen, die die Streckenführungs-Ansagen ihres Navis nicht nur ignorieren, sondern sie gar mit dem Ziel verwechseln – und entsprechend gar nicht vom Fleck kommen. Dies passiert immer dann, wenn man sein Unwohlsein einfach so hinnimmt und sich vielleicht sogar richtig dort „hineinlegt". Denn „alle Gefühle sind ja gleichwertig und dürfen da sein…". Solche oder ähnliche Aussagen hört man recht häufig in spirituellen Kreisen. Und sie beruhen meiner Ansicht nach auf einem grundlegenden Missverständnis der Funktion von Gefühlen, welches auf dem Nährboden des herrschenden Komfortzonen-Narrativs prächtig gedeiht. Dabei ist der Ansatz dieser Denkweise, wie bei den meisten Missverständnissen, ja eigentlich zunächst einmal absolut richtig: Gefühle, sowohl die unangenehmen als auch die angenehmen, haben eine wichtige Funktion und es ist überaus ratsam, sie in dieser Funktion achtsam und bewusst wahrzunehmen, sie also nicht einfach zu ignorieren oder wegzudrücken. Aber an dem Punkt gilt es dann eben, nicht einfach stehenzubleiben und wie das Kaninchen vor der Schlange die Gefühle (die Navi-Ansagen) zu bewundern. Vielmehr dürfen wir den Ansagen unseres Gefühlsnavis auch folgen und eben entsprechende Kurskorrekturen vornehmen! Diese werden letztendlich dann dazu führen, dass wir uns weniger oft unwohl fühlen, mehr und mehr unser Wohlgefühl zu unserem Leitsystem werden lassen und so mit immer größeren Schritten auf unsere wahre Komfortzone zugehen, bis wir schließlich immer mehr in ihr Leben. Dieses Verständnis deines **emotionalen Leitsystems** ist grundlegend und hilfreich auf dem Weg in deine wahre Komfortzone und damit zu deinem höchsten Potenzial!

Dir steht also jederzeit ein großartiges, angeborenes Navigationssystem zur Verfügung, welches dich in jeder Situation zielsicher in Richtung deiner wahren Komfortzone führen kann, wenn du es zulässt: deine Gefühle! Denn wie bereits in den vorherigen Kapiteln erwähnt, weißt du im Grunde ja bereits in jedem Moment ganz genau, welche „Schicht der Wirklichkeit", oder einfacher gesagt, eben welche Komfortzone jeweils diejenige ist, die DIR entspricht. Falls du es aber einmal vergessen haben solltest und eine Landkarte zurück zu dir selbst brauchst, erinnere dich: Sie wurde in deinem „Lebensset“ bereits mitgeliefert! Man kann grob sagen: **Deine Gefühle zeigen dir, ob du in deiner wahren Komfortzone bist oder nicht. Ob du das tust, denkst, lebst, kreierst, was DIR entspricht.** Dein Wohlgefühl, das dich umhüllt wie warme Sonnenstrahlen auf deiner Haut, ist ein sicheres Zeichen, dass du dich auf dem richtigen Weg befindest! Es ist die Bestätigung deines inneren Kompasses, dass du im Einklang mit deinem wahren Selbst bist und deine Handlungen aus der Quelle deiner tiefsten Weisheit entspringen. Fühlst du dich gut, bist du auf dem richtigen Weg. Fühlst du dich schlecht, entfernst du dich höchstwahrscheinlich gerade in irgendeiner Weise von dir und dem für dich richtigen Weg. Oder wie ein geschätzter Lehrer von mir immer zu sagen pflegt: *„Pleasure is the measure of success!“* („Wohlgefühl ist der Maßstab des Erfolgs!“).

Die einfache Frage „Wie fühlt es sich an?” kann also schon ein vollkommen ausreichender Wegweiser in deine wahre Komfortzone sein! Ja, es ist tatsächlich so einfach!

Ich kann mir vorstellen, dass dein zweifelnder Verstand nun möglicherweise tausend Gründe sucht, warum es nicht so einfach sein kann. Unser Verstand ist recht gut darin, Probleme zu lösen, möchte diese Fähigkeit aber oft zwanghaft immer wieder unter Beweis stellen und erschafft deshalb auch gerne mal Probleme, wo gar keine sind, nur um sie scheinbar „lösen“ zu können… Der direkte, einfache Weg ist ihm dabei oft suspekt. Aber stell deinem Verstand doch mal die Frage (Fragen mag er): Was wenn es tatsächlich so einfach wäre? **Was wenn wir alle Zweifel und komplizierten Gedankenkonstrukte einmal über Bord werfen und schlicht und einfach unserem Wohlgefühl vertrauen?** In mir löst diese Frage (und ihre Antwort) immer eine große Entspannung aus! Denn mit unserem inneren Navi haben wir tatsächlich einen starken verbündeten an unserer Seite, der uns in jedem Moment klar und deutlich den Weg weist – wenn wir auf ihn hören!

Etwas, das dem Verstand in dieser Hinsicht übrigens sehr gut dabei helfen kann, seine Zweifel loszulassen und endlich zu dir und deinem Wohlgefühl zu stehen, anstatt gegen dich zu arbeiten, ist das sogenannte Human Design System. Vielleicht hast du schon einmal davon gehört. Diese „Wissenschaft vom Individuum“ hat in den letzten Jahren enorm an Popularität gewonnen, und das zurecht. Ich bin kein professioneller Human-Design-Reader, habe dieses System aber vor einigen Jahren kennenlernen dürfen und nutze es seitdem für mich privat, um mich selber immer besser zu verstehen. Und was soll ich sagen: Seitdem hat es mir immer und immer wieder nur Bestätigungen geliefert –

Bestätigungen für die Unfehlbarkeit meines inneren Komfortzonen-Navis!

Ich möchte dir und deinem Verstand dazu eines von zahlreichen Beispielen geben: Es gibt im Human-Design-Chart einen Aspekt, der uns darüber Auskunft gibt, ob wir in diesem Leben eher mit einem aktiven oder einem passiven Körper auf die Erde gekommen sind. Ein aktiver Körper möchte viel Bewegung, viel Sport und „sich auspowern". Ein passiver Körper dagegen braucht eher sanfte Bewegungen, Entspannung und Weichheit. Sieht man sich dazu noch den eigenen Energie-Typ an (im Human Design System gibt es fünf verschiedene grundlegende Energie-Typen), so kann man ein recht klares Bild darüber erhalten, welche Art von Bewegung und Aktivität dem eigenen Körper gut tut. Nun bin ich vom Energie-Typ her ein sogenannter „Projektor", ein Typ, der aus sich selbst heraus ohnehin nicht viel Energie hat, die verbraucht werden könnte, und zusätzlich bin ich auch noch mit einem sogenannten „passiven Körper" auf die Welt gekommen. Das heißt, ich bin insgesamt recht entspannt unterwegs, könnte man sagen… Und was mir keinesfalls gut tut, ist extensives Workout oder ein körperlich sehr anstrengender und aktiver Sport. Sanfte, fliesende Bewegungen und eher dehnende und entspannende sportliche Betätigung, wie Qigong, sanftes Yoga oder Wandern sind für mich dagegen das geeignete Mittel der Wahl. Nun wird allerdings in den westlichen Gesellschaften pauschal gepredigt, man solle viel „Workout" machen und den Körper „auspowern“, um gesund zu bleiben. Und das mag für viele Menschen vielleicht auch zutreffen (eben jene mit einem „aktiven Körper“ und/oder einem Hochenergietyp im Human Design, wie beispielsweise die sogenannten „Generatoren“ oder „Manifestierenden Generatoren“) – aber eben keineswegs für jeden!

Und da sind wir nun wieder bei dem großen Missstand, mit dem dieses Buch unter anderem endlich aufräumen möchte: Es gibt nicht die eine pauschale Wahrheit, die für jeden stimmt, sondern du darfst dich ganz bewusst deinem inneren Navi, dem Pfad deines Wohlgefühls zuwenden und dem folgen, was *für dich* stimmt! Darüber, was in vielen Bereichen deiner Lebensführung individuell für dich das Richtige ist, kann dir beispielsweise dein Human-Design-Chart Auskunft geben. Aber im Grunde bräuchtest du ihn gar nicht – denn du weißt es bereits! Und du lebst auch bereits danach, sofern – ja sofern du deinem inneren Navi folgst und deine wahre Komfortzone in jedem Bereich deines Lebens bereits gefunden und betreten hast! Das oben angesprochene Thema der körperlichen Aktivität ist hier nur ein Beispiel von unzähligen. Alle, wirklich alle Bereiche deines Lebens können (und sollten) von dir im Hinblick auf deine wahre Komfortzone überprüft und entsprechend gestaltet werden. Das Bewusstsein und die Tools dafür findest du in diesem Buch.

An dieser Stelle könnte man natürlich noch viel mehr über das faszinierende und äußerst umfangreiche Human Design System sagen, aber dies ist kein Human Design Buch und ich möchte es für den Moment bei diesem kleinen Exkurs belassen. Im letzten Kapitel wird uns Human Design noch einmal, jedoch unter einem anderen Aspekt, begegnen. Wenn dich das Thema interessiert, empfehle ich dir, einfach selbst ein wenig dazu zu recherchieren oder ein persönliches Reading bei einem Human-Design-Reader zu buchen. Es gibt mittlerweile unzählige Informationsquellen dazu und es lohnt sich wirklich. In unserem Zusammenhang ist das System vor allem deshalb relevant – und ich erwähne es überhaupt hier –, weil es dir und deinem Verstand so eindrucksvoll zeigen kann, dass deine Körperweisheit und Intuition *immer* genau wissen (und schon immer gewusst haben), was wirklich gut für dich ist! Dementsprechend kann Human Design dir natürlich auch als weiterer hilfreicher Wegweiser in deine wahre Komfortzone dienen – oder zumindest als rückwirkende Maßnahme zur Vertrauensbildung für deinen zweifelnden Verstand, falls das noch nötig sein sollte. Aber egal, ob du dich dieser Rückversicherung bedienen möchtest oder nicht, eines ist ohnehin gegeben: Wenn du ganz einfach und klar den Ansagen deines natürlichen und äußerst effektiven Gefühls-Navis in deine Komfortzone folgst, kommst du direkt in DEINE individuelle Superkraft!

...deine Wünsche und Visionen zeigen dir den Weg und das Ziel

Damit aber noch nicht genug: Denn dein wahres, göttliches Selbst, dein kosmisches Navi kommuniziert nicht „nur“ durch dein Wohlgefühl mit dir und gibt dir Richtungsanweisungen, sondern es tut dies auch und ganz besonders durch **Wünsche, Visionen, und (Tag-) Träume.** Der australische Autor und schamanische Traumforscher Robert Moss erklärt in seinem Buch *Growing Big Dreams* die enge Verflechtung unseres Lebenswegs mit unseren Träumen und Visionen folgendermaßen:

> „Die australischen Aborigines sagen, dass die großen Geschichten die richtigen Leute jagen, damit sie sie erzählen, so wie Raubtiere, die im Busch ihre Beute verfolgen. Der Trick besteht darin, dass wir uns an einen Ort begeben, an dem die großen Geschichten uns auch finden können! Das gelingt uns, indem wir uns unseren Träumen und dem traumgleichen Spiel von Symbolen und Synchronizitäten in der Welt um uns herum widmen.“[6]

Moss's „große Geschichten“ sind für mich ganz klar jene, die *du* zu erzählen hierhergekommen bist. Und

---

[6] *Robert Moss: Growing Big Dreams. Manifesting your Heart's Desires through Twelve Secrets of the Imagination, Introduction. Zitat übersetzt aus dem Englischen von Christoph Hetzenecker.*

der Ort, wo sie „dich finden“ können, ist - na klar: deine wahre Komfortzone! Deine Träume und Visionen, aber auch deine mehr oder weniger alltäglichen Wünsche und Bedürfnisse sind der Schlüssel dazu.

Gerade letztere nehmen wir aber häufig nicht ernst oder ignorieren sie einfach. Dabei sind unsere Wünsche und Bedürfnisse größtenteils nicht einfach nur zufällige, oberflächliche Gedanken, die kommen und gehen und deshalb unwichtig sind. Nein im Gegenteil, sie erfüllen eine wichtige Aufgabe! Denn sie sind wie Marker, die dir zeigen, was dir wirklich wichtig ist. Sie sind wie kleine Hinweisschilder am Wegesrand, die dir die Richtung zeigen und dich auf jene Aspekte deines Lebens aufmerksam machen, die du verändern oder neu kreieren möchtest. **Nimm dir also ganz bewusst Zeit, dir einmal über all deine Wünsche und Bedürfnisse, und seien sie scheinbar noch so „unbedeutend“, klar zu werden!** Schreibe sie am besten sogar auf. Du wirst ziemlich sicher ein Muster darin feststellen können, das dir interessante Einsichten über deine generellen Werte im Leben, dem was dir wirklich wichtig ist, geben und dir so helfen kann, den Weg in deine Komfortzone bewusst zu gestalten. Indem du eine Zeit lang bewusst beobachtest, was du dir in deinem Leben wünschst (sowohl in großen Angelegenheiten als auch im Alltag), wird sich dir bald ein klares Bild davon zeigen, welche Qualitäten und Werte, welche Umstände und Umgebungen, welche Erfahrungen und Erlebnisse dir wichtig sind und dich wohlfühlen lassen, kurz: wie deine wahre Komfortzone aussieht! Sei es im Umgang mit Menschen, im Beruf, in der Familie oder in jedem anderen Bereich deines Lebens – deine Wünsche und Bedürfnisse sind wertvolle Botschafter und sollten von dir ernst genommen werden.

Deine Träume und Visionen wiederum gehen noch einen Schritt weiter und können dir einen Einblick in das größere Bild deines Seelenweges geben. Sie sind sozusagen die Leuchttürme auf deiner Reise. Sie sind wie leuchtende Sterne am nächtlichen Himmel, die dir den Weg zu deinem wahren Selbst weisen und dich dazu inspirieren, ihnen zu folgen. Auch hier ist es hilfreich und wichtig, dir klarzumachen, dass du auch deine Visionen und Träume nicht einfach so zufällig hast! Ich halte das Sprichwort *„Your dreams are yours because you are meant to make them real“* („Deine Träume sind die deinen, weil du dazu bestimmt bist, sie wahr werden zu lassen“) für sehr wahr. Deine Träume und Visionen wären nicht die deinen, wenn sie nicht Teil deines Möglichkeitsraumes wären! Also Teil dessen, was auf deinem Weg in diesem Leben möglich ist und wofür du hierher gekommen bist. Du erinnerst dich: Deine Komfortzone ist, was du in Wahrheit bist, und das Universum möchte, dass du sie betrittst! Mach dir die Kraft dessen immer wieder bewusst! Das bedeutet keineswegs, dass du alle deine Visionen und Träume auch wirklich umsetzen musst. Und sie werden sich höchstwahrscheinlich mit der Zeit auch verändern und sich mit dir weiterentwickeln. Aber indem du ihnen folgst wie Perlen auf einer Schnur, erkundest du kontinuierlich neue Facetten deiner Persönlichkeit und entdeckst ungeahnte Potenziale. Indem du deine Visionen für dein Leben bewusst wahr- und ernst nimmst, machst du dir klar, wer du wirklich sein willst (und deshalb auch sein kannst!) und was dein individuelles Geschenk für diese Welt ist. Denn wie wir in Kapitel 10 noch sehen werden, ist deine Komfortzone letztlich ein Geschenk nicht nur für dich, sondern auch für den Rest der Welt!

Was kannst du also tun, um den Blick frei zu machen auf das wegweisende Leuchtfeuer deiner Wünsche, Träume und Visionen? Ein paar Ideen dazu möchte ich dir jetzt vorstellen.

Als ersten Schritt empfehle ich dir, dir die Zeit zu nehmen, dich einmal hinzusetzen und dir bewusst folgende so grundlegende wie inspirierende Fragen zu stellen, die du dann (am besten schriftlich) beantwortest. Schreibe zu jeder Frage ganz frei auf, was dir spontan in den Sinn kommt. Tipp: Fühle die Antworten mehr, als dass du über sie nachdenkst.

✷ Wie sieht mein idealer Tag aus?

✷ Was sind die wichtigsten Bedürfnisse und Werte, die ich in meinem Leben erfüllt sehen möchte?

* Welche Umgebungen, Menschen, Qualitäten, Tätigkeiten etc. bringen mein Herz zum singen und fühlen sich an, wie nachhause kommen? Und welche tun das nicht?

* Wenn jetzt alles möglich ist, was für ein Leben wähle ich dann?

* Wenn jetzt alles möglich ist, was wünsche ich mir gerade wirklich?

Dies sind nur einige wenige Einstiegs-Fragen, die dir einen ersten Zugang zu den „Navi-Ansagen" deiner Seele auf dem Weg in deine Komfortzone geben können. Ich lade dich dazu ein, dir selbst weitere Fragen zu überlegen und sie zu beantworten, die dich auf diesem Weg voranbringen könnten.

Um zu entdecken, was alles an Potenzialität und träumerischer Kraft in dir steckt, und deinen größten Visionen für dein Leben näher zu kommen, möchte ich dir außerdem eine gleichermaßen ungewöhnliche, wie effektive Methode ans Herz legen: Halte eine fiktive Rede an die ganze Welt!

Übung: Rede an die ganze Welt

Stell dir einmal vor, du hättest für 5 oder 10 Minuten die vollkommene Aufmerksamkeit jedes einzelnen Menschen auf der Welt und könntest in dieser Zeit sprechen, über was du willst, jede Botschaft vermitteln, die du möchtest. Alle hören dir aufmerksam zu. Entwirf unter diesen Rahmenbedingungen eine kleine Ansprache, die du halten würdest. Du kannst sie entweder aufschreiben, oder dich tatsächlich hinstellen, eine Rede halten und dich beispielsweise dabei filmen oder eine Audioaufnahme davon machen. Wichtig ist, dass du hinterher nachvollziehen kannst, was du gesagt hast. Denn was du in diesen paar Minuten sagst oder aufschreibst, wird definitiv zum Wichtigsten gehören, was gerade an Inspiration und Visionskraft in dir vorhanden ist. Schließlich hört die ganze Welt dir zu! Also schreibe ganz spontan alles auf oder spreche es aus, was da aus dir heraus will! Und dann schaue einmal völlig unvoreingenommen, was sich da gezeigt hat. Die Wahrscheinlichkeit ist sehr hoch, dass es dir äußerst wertvolle Hinweise liefern wird im Bezug auf deine höchste Vision für dein Leben und das, was du dir und der Welt zu geben hast.

Deine Wegweiser in Klarheit wahrnehmen

Um deinem wahren Potenzial, der grossen Kraft deiner Komfortzone näher zu kommen, ist es also wichtig, deine Gefühle, Wünsche, Bedürfnisse, Träume und Visionen ernst zu nehmen, sie dir genau anzusehen und dir ganz bewusst Zeit zu nehmen, um sie durch bewusste Selbstreflexion zu entdecken, zu erweitern und detailreicher werden zu lassen. Wenn ich mich selbst zwischendurch an dieses geniale, natürlicherweise in uns vorhandene „Lebens-Navi" erinnere und seine Ansagen wahrnehme, bin ich immer von großer Dankbarkeit erfüllt. Denn es ist alles bereits da, was wir brauchen, um den Weg in unsere wahre Komfortzone, unser höchstes Sein zu beschreiten. Der Clou ist aber: Wir dürfen eben auch (wieder) lernen, wirklich darauf zu hören und die Hinweise in Form unserer Gefühle, Wünsche und Visionen ernst zu nehmen und dann auch danach zu handeln!

Und ich gebe gerne zu: Dieses darauf hören und danach handeln kann manchmal knifflig sein, beziehungsweise ein wenig Übung erfordern. Der Grund dafür ist, dass wir heute leider so sehr daran gewöhnt sind, unsere Träume und Visionen zu ignorieren, unsere Wünsche und Bedürfnisse abzutun und uns nicht wirklich gut oder maximal „ok" zu fühlen, dass wir das oft einfach als „normal" hinnehmen. Wir merken dann gar nicht, dass wir uns bereits weit außerhalb unserer wahren Komfortzone befinden und unser Navi uns schon längst mehrfach Anweisungen zugerufen hat, wie: „Bitte wenden!!", „Hier rechts abbiegen!", „Ich sagte doch rechts abbiegen, warum fährst du noch immer geradeaus?!". Wie ich am Anfang unserer gemeinsamen Reise schon erläutert habe, ist es in unserer arg nach außen orientierten und oft sehr hektischen Zeit ein durchaus weit verbreitetes Phänomen, dass wir diese Ansagen unseres inneren Navis sogar jahrelang nicht hören. So nehmen wir unsere Wünsche, Bedürfnisse, Träume und Visionen oft nicht ernst, übergehen sie (Stichwort „unwichtig" oder „unrealistisch") oder können sie erst gar nicht wirklich wahrnehmen... Dabei sind sie es, die uns ganz klar die Beschaffenheit unseres Seelenplans, den Weg in unsere individuelle Komfortzone zeigen könnten. Die Konsequenz davon ist nicht nur „verlorene" Zeit, die wir in unserer wahren Komfortzone hätten verbringen können. Nein, unser Körper-Geist-Seele-System schickt uns irgendwann auch Navi-Ansagen, die immer lauter und lauter werden und sich schließlich in einer körperlichen und/oder psychischen Erkrankung manifestieren können. Bei vielen Menschen heißt diese Erkrankung heutzutage Krebs, aber die Varianten sind zahlreich und keine davon ist wirklich angenehm. Was also kannst du tun, um die Ansagen deines brillanten Seelen-Navis viel früher zu hören und zu befolgen?

Ganz einfach: Fange an, dich selbst wahr- und ernst zu nehmen! Selbstbeobachtung und liebevolle Achtsamkeit sind hier die Mittel der Wahl. Diesen Schritt zu dir selbst kannst du nun beispielsweise gehen, indem du dich in die Natur oder an einen vollkommen ruhigen, von Störfrequenzen freien Ort begibst und einmal ganz klar und intensiv nur deine Gedanken und Gefühle beobachtest: Gefällt dir, was du da wahrnimmst? Wenn nicht: wie hättest du es denn stattdessen gerne? Frage dich:

✷ Wie möchte ich mich denn eigentlich fühlen, wenn alles möglich ist?

✷ Und wie oft fühle ich mich bereits so? Und wie oft fühle ich mich anders?

✷ Welche inneren Bilder und Visionen bringen mein Herz zum singen? Was wünsche ich mir von Herzen?

Auch die weiter oben bereits vorgeschlagenen Fragen können hier erneut zum Einsatz kommen. Integriere diese Art der **Selbstreflexion** regelmäßig in deinen Tagesablauf und sei achtsam für die Impulse, die deine Seele dir in Form von Wohlgefühl und Freude oder Unwohlsein und Abneigung schickt.

Wenn du magst, kannst du dir auch ein sogenanntes **Wunschjournal** zulegen, in dem du deine tiefsten Sehnsüchte, Wünsche und Visionen regelmäßig festhältst. Nimm dir immer wieder zwischendurch Zeit, um sie zu reflektieren und zu überprüfen, wie sie sich im Laufe der Zeit entwickeln. Sei dabei auch achtsam und offen für Veränderungen. Frage dich bei deiner Journaling-Reflexion, was du wirklich willst und warum du es willst. Sei dabei liebevoll und mitfühlend mit dir selbst und verurteile dich keinesfalls für deine Wünsche oder Bedürfnisse. Denn sie sind wertvoll!

Auch zu diesem Thema möchte ich dir wieder ein Beispiel aus meinem Leben geben: Zu reisen und die Welt zu entdecken war immer ein Bedürfnis von meiner Frau und mir und wir haben uns dieses sooft es ging erfüllt. Eines Tages aber haben wir wirklich genau hingehört und unsere Reise-Lust nicht mehr einfach als Bedürfnis nach „Urlaub“ abgetan, sondern es als tieferen Wunsch nach Freiheit erkannt. Wir haben diesen Wunsch dann nicht einfach weggewischt oder ignoriert, sondern ihn als das ernst genommen, was er war: ein Wegweiser unserer Seele auf dem Weg in unsere wahre Komfortzone! Und so haben wir uns gefragt: **Worauf weist uns dieser Wunsch hin? Welchen authentischen Teil unseres Selbst möchte er zum Klingen und Gedeihen bringen?** Die daraus gewonnen Erkenntnisse haben dann dazu geführt, dass wir unser Haus in Deutschland verkauft haben, ausgewandert und zu Dauerreisenden geworden sind. Wir bezeichnen uns heute als Spiritual Nomads (in Anlehnung an den Begriff „digital nomads“) und fühlen, dass die Entscheidung, unseren Wunsch nach Freiheit wirklich ernst zu nehmen, eine der besten unseres bisherigen Lebens gewesen ist und wir die Kraft unserer wahren Komfortzone damit entfesselt haben!

Die Authentizität deiner Impulse erkennen und fühlen

Wie wir also gesehen haben, sind deine tiefsten Wünsche und Visionen immer eng mit deiner innersten Wahrheit und Seelenessenz verbunden. Manche eher flüchtigen Ideen und scheinbaren Bedürfnisse mögen zwar von äußeren Einflüssen, gesellschaftlichen Normen oder vorübergehenden Emotionen hervorgerufen worden sein und gar nicht wirklich deinem innersten Wesen entspringen. Deine immer wiederkehrenden Wünsche und Bedürfnisse jedoch sind wichtige Wegweiser deiner Seele auf dem Weg in deine wahre Komfortzone. Falls du dir einmal unsicher sein solltest, ob es sich bei einem Wunsch wirklich um *deinen* handelt oder er nur eine vorübergehende Erscheinung ist, geprägt von Fremdeinflüssen, dann fühle in den Wunsch hinein und frage dich, wie authentisch er ist, wie sehr er aus deinem tiefsten Inneren kommt. Authentische Wünsche fühlen sich stimmig an und sind mit einem wundervollen Gefühl von Bedeutung und Erfüllung verbunden. Geh mit deiner Vorstellung in die erfolgte Erfüllung des Wunsches und achte auf die Reaktion deines Körpers: Wird dein Herz weit, wirst du durchflutet von Endorphinen und einem tiefen Gefühl des Glücks und Wohlbefindens, so kannst du dir sicher sein, dass der Wunsch authentisch, der Impuls wirklich deiner ist. Seine Erfüllung wird dich definitiv näher zu dir selbst und deinem Seelenweg bringen! Spürst du dagegen keine oder nur eine sehr oberflächliche emotionale Reaktion in deinem Körper, wird die Erfüllung des Wunsches wahrscheinlich nicht unbedingt zu deinem Seelenweg beitragen. Das bedeutet keineswegs, dass du ihn dir nicht erfüllen darfst, aber machmal kann es hilfreich sein, deine Prioritäten auf dem Weg in deine Komfortzone zu klären. Ein Beispiel: Du könntest bei der Erkundung deiner Wünsche und Bedürfnisse auf den Gedanken gestoßen sein, dass du gerne ein bestimmtes Auto fahren möchtest. Spüre nun wirklich in diesen Wunsch hinein. Stelle dir vor, wie er erfüllt ist. Wie es sich anfühlt, das Auto zu fahren, den Kauf- oder Leasingvertrag dafür zu unterschreiben. Welche Auswirkungen das auf dein Leben haben wird etc. Ruft all dies ein wohliges Gefühl der absoluten Stimmigkeit, der Erfüllung, des „Ja, genau das möchte ich, so möchte ich mich fühlen!“ in dir hervor? Dann wird das visualisierte Auto wohl tatsächlich eine wichtige Rolle auf deinem Seelenweg spielen, und der Wunsch danach ist vermutlich ein Wegweiser in dein bestes Leben, deine wahre Komfortzone. Oder ist es, wenn überhaupt, ein „Ganz nett“, was du bei deiner Visualisierung fühlst? In diesem Fall ist der Wunsch nach diesem Auto höchstwahrscheinlich einfach nur aufgrund gesellschaftlicher Normen und Vorstellungen von „Glück und Erfolg“ (Stichwort Statussymbole) in dir entstanden und seine Erfüllung wird nicht wirklich ein effektiver Schritt in *deine* wahre Komfortzone sein. Viele Menschen haben davon, was sie zu Glück und Wohlbefinden führen kann, bestimmte Vor-Stellungen (im Wortsinne: etwas, das sich vor sie gestellt hat) basierend auf allgemein propagierten „Normen“, die aber im Grunde die Sicht auf *ihren* tatsächlichen Weg einfach nur blockieren. Klarheit in diesem Bereich zu erlangen, ist deshalb sehr wichtig, dürfte dir aber nicht schwer fallen, ganz besonders wenn du bereits mit der in diesem Buch dargelegten tiefen Erforschung deiner wahren Komfortzone begonnen hast.

Du hast in diesem und früheren Kapiteln nun bereits einige hilfreiche Tools für diese so wichtige Forschungsarbeit an die Hand bekommen und weitere werden folgen. Nutze sie und begib dich voller Freude in das Abenteuer deiner Seele! Lass deine Wünsche und Visionen ab jetzt ihre Aufgabe in deinem Leben erfüllen und dir dabei helfen, dein wahres Selbst zu erkennen und zu entfalten! Sie geben deinem Leben Richtung und Bedeutung, dienen als Antrieb für dein Wachstum und deine Erfüllung und weisen dir den Weg in dein wahres Potenzial. Indem du dich auf sie konzentrierst und sie bewusst pflegst, auf die Stimme deiner Seele hörst und ihr folgst, kannst du ein Leben kreieren, das im Einklang mit DIR und deiner innersten Wahrheit steht – ein authentisches Leben in der großen Kraft deiner Komfortzone.

Exkurs: Meditation als Weg zu dir - aber richtig

„Meditation ist nur deshalb notwendig, weil du dich
nicht dazu entschieden hast, glücklich zu sein.
Wenn du dich entschieden hast, glücklich zu sein,
brauchst du nicht zu meditieren. (…)
Dann geschieht Meditation ganz von selbst.
Meditation ist eine natürliche Folge des Glücks.
Sie folgt dem glücklichen Menschen wie ein Schatten.
Wo immer er hingeht, was immer er tut, er ist meditativ."
OSHO

Nachdem du nun also einiges über die Bedeutung deiner Wünsche, Bedürfnisse, Visionen und Träume erfahren hast, und dir bewusst geworden bist, dass diese Botschaften deiner Seele hervorragend dafür geeignet sind, dir geradewegs den Weg in deine wahre Komfortzone zu zeigen, sagst du dir vielleicht: „Das ist ja alles schön und gut, aber wie soll ich überhaupt erst einmal an diesen Punkt kommen? Wie kann ich mich selbst wieder wahrnehmen und die Botschaften überhaupt hören lernen?"

Obwohl wir bereits einige Übungen und hilfreiche Fragestellungen dazu weiter oben in diesem Kapitel kennengelernt haben, ist es gerade in unserer sehr äußerlich orientierten westlichen Gesellschaft durchaus möglich, dass du so wenig daran gewöhnt bist, nach innen zu lauschen, dass du dir mit den bisherigen Empfehlungen noch immer ein wenig verloren vorkommst.

Sollte das so sein, möchte ich dir sagen, dass dies kein Beinbruch ist, denn du kannst in jedem Augenblick die Entscheidung treffen, neue Wege zu gehen! Und einer dieser Wege, der dir die Fähigkeit schenken wird, ganz im gegenwärtigen Augenblick aufmerksam nach innen zu lauschen und wieder auf deine innere Weisheit zu hören, heißt **Meditation**! Meditation ist ein hilfreiches und wunderbares Werkzeug, um zum Schöpfer deines Lebens zu werden. Wir wollen jetzt einen kleinen Exkurs unternehmen und uns aus Sicht der Komfortzone näher mit diesem wichtigen Thema befassen.

Dazu ist es notwendig, dass wir zunächst einmal aufräumen mit den zahlreichen Missverständnissen zum Thema Meditation, die viele Menschen auch direkt wieder davon abhalten, zu ihrem höchsten Selbst zurück zu finden, wenn sie das Wort Meditation schon bloß hören oder lesen. Ähnlich wie beim Thema Komfortzone liegt nämlich sehr viel „Schutt" auf diesem Wort und auch ich bin diesem noch vor ein paar Jahren auf den Leim gegangen. Denn die Meisten denken bei diesem Thema vermutlich als erstes so etwas wie: „Ok, Meditation... puh... da muss ich im Lotus-Sitz oder jedenfalls in einer möglichst unbequemen Haltung auf dem Boden reglos verharren und versuchen, an nichts zu denken…". Nunja, ehrlich gesagt: darauf hätte ich auch nur bedingt Lust… Und zum Glück hat das mit Meditation auch wenig bis gar nichts zu tun!

Was also ist Meditation wirklich? Ich möchte es einmal so beschreiben: Meditation ist unser natürlicher Zustand, den die meisten von uns einfach nur vergessen haben! Ein Zustand vollkommen wacher Achtsamkeit und freudvollen Gewahrseins im gegenwärtigen Augenblick. Oder um es mit den Worten des indischen Weisheitslehrers Ramana Maharshi zu sagen: *„Wenn Meditation keiner Mühe mehr bedarf, erkennen wir, dass sie unser wahres Wesen ist.“* Wir dürfen uns jetzt wieder an diesen mühelosen Zustand erinnern! Und dazu wurden im laufe der Jahrtausende viele verschiedene Praktiken entwickelt, die uns dabei unterstützen können. Diese haben keineswegs immer mit dem klischeehaften „still sitzen und an nichts denken“ zu tun. Im Gegenteil: Es gibt beispielsweise viele wunderbare Bewegungs- und Tanzmeditationen, die die Lebendigkeit und Körperlichkeit feiern und erst einmal dafür sorgen, dass wir westlichen Kopfmenschen wieder ganz in unseren wunderbaren Körper und damit in das pure freudvolle Sein auf diesem schönen blauen Planeten zurückfinden. Denn genau das ist der Sinn von Meditation! Ebenso kann beispielsweise auch Joggen eine Form von Meditation sein, oder Holzhacken, oder sich bewusst einen Gedanken oder ein Thema suchen und es von allen Seiten erforschen, oder oder…

Ich empfehle dir also hiermit, dir eine oder mehrere Arten von Meditation zu eigen zu machen und sie zu praktizieren! Du wirst eine Fülle an Vorschlägen und Materialien dazu in Büchern oder dem Internet finden.

Der entscheidende Punkt ist aber: Auch hier gilt es natürlich wieder, dem Kompass deines Wohlgefühls zu folgen! Was fühlt sich jetzt gerade stimmig und gut an? **Welcher Ansatz bringt dir jetzt das gewünschte Ergebnis?** Denn das Gewahrsein deines wahren Seins (wieder) zu erlangen darf leicht sein – und sollte es sogar!

In diesem Zusammenhang möchte ich dich mit dem 7. Prinzip der von mir sehr geliebten Huna-Philosophie aus Hawai'i vertraut machen, das da lautet:

Pono - Die Wirksamkeit ist das Maß der Wahrheit.

Was ist damit gemeint? Kurz gesagt: Das, was funktioniert, ist richtig! Und wenn etwas nicht die gewünschten Ergebnisse hervorbringt, dann wählst du eben einen anderen Weg! Denn es gibt immer mehrere Wege, etwas zu tun. Beim Thema Meditation bedeutet das: Alles, was dazu beiträgt, das laute Geplapper deines konditionierten Verstandes leiser werden zu lassen, und dir dabei hilft, die zarte, manchmal (noch) leise Stimme deiner ureigenen inneren Weisheit, deines höchsten Selbst hörbar zu machen, ist dein Mittel der Wahl! Und auch bei der Frage, welche Art von Meditation dies jetzt gerade für DICH bewirken kann, geht es selbstverständlich wieder darum, ja, du ahnst es schon: deine Komfortzone zu betreten!

Es gibt nämlich durchaus Menschen (und ich vermute mal, es sind gar nicht wenige) für die das, was man landläufig unter „Meditation“ versteht, also zu sitzen und seine Gedanken oder seinen Atem zu beobachten, genau das Gegenteil von dem ist, was sie aktuell weiterbringt. Das kann beispielsweise der Fall sein, weil sie ohnehin schon den ganzen Tag in einem Büro herumsitzen und ihre Körper einfach danach schreien, Beachtung zu finden. Oder weil sie eine innere Unruhe verspüren, die durch stilles Sitzen eben nicht automatisch verschwindet, sondern eher stärker wird. Hier gilt es dann eben, sich zu fragen: Welche Art von Meditation, also welches Tool zum Herunterdimmen meiner vorlauten Verstandes-Stimme, ist dasjenige, mit dem ICH mich gerade am wohlsten fühle und das MIR jetzt am meisten bringt? Sich also zu fragen: Wo ist in diesem Bereich (momentan) meine Komfortzone? Und in diese deine **Meditations-Komfortzone** gehst du dann bitte! Auch wenn dir deine Freundin noch so oft erzählt, wie toll ihre Zeit in diesem Zen-Schweige-Kloster war – wenn für dich gerade der effektivste Weg zu deiner inneren Weisheit der ist, drei Stunden im Wald herumzulaufen, Holz zu hacken und Pilze zu sammeln, dann bitte tu genau das! Das Zen-Kloster würde dich dann aktuell höchstwahrscheinlich eher weiter weg von dir selbst bringen, als dich zurück zu dir zu führen. Die Möglichkeiten, die uns hier zur Verfügung stehen, sind so vielfältig, wie wir selbst, und es gilt eben auch hier, deine (momentane) Komfortzone zu finden und sie zu betreten!

Ich sage bewusst „momentane“, da sich deine Komfortzone in verschiedenen Bereichen, wie wir ja schon gehört haben, durchaus mehrfach im Leben verändern kann, und besonders im Bereich Meditation ist dies sogar ziemlich wahrscheinlich. Es könnte beispielsweise sein, dass nach einigen Wochen Laufen im Wald (oder auch zum Beispiel: Gartenarbeit, Stricken, Sex, Mandalas ausmalen… was auch immer für DICH funktioniert), deine plärrende Verstandes-Stimme soweit zurückgedimmt ist, dass du nun ganz zart schon die Stimme deines höchsten Selbst hören kannst und anfängst, seine Wünsche, Visionen und Inspirationen wahrzunehmen. Und an diesem Punkt könnte (muss nicht, aber könnte) es dann beispielsweise passieren, dass du dich eines Morgens gemütlich hinsetzt, dir die Morgensonne aufs Gesicht scheinen lässt und feststellst, dass du plötzlich ganz präsent mit dir in diesem Augenblick SEIN kannst und dieses Sein geradezu eine Flut an Klarheit, Wohlgefühl und inspirativen Botschaften deines höchsten Selbst über dich ausgießt! Wunderbar! Dann nutze diese neu entdeckte Meditations-Komfortzone und sitze ab jetzt einfach „nur“ jeden Morgen, oder wann immer es sich stimmig für dich anfühlt. Und wenn nicht, dann eben nicht. Vertraue auch hier ganz dir und deinen Impulsen! Dabei kann dann übrigens immer noch das Laufen, oder was auch immer, ein wichtiger Teil deiner Meditations-Komfortzone bleiben, aber diese wurde nun um das Sitzen erweitert. Wichtig war dabei aber der Prozess und dass du währenddessen immer gut darauf geachtet hast, deine wahre Komfortzone zu finden und nur danach zu handeln. Ich denke, du hast das Prinzip verstanden.

Welche Form du auch immer wählst, das Wichtigste ist, dass du den ersten Schritt machst und wirklich anfängst, dich selbst und dein großartiges, göttliches Sein immer öfter und intensiver WAHR-zunehmen. Wahrnehmen ist hier im wörtlichen Sinne gemeint: **Lass das Bewusstsein deiner göttlichen Natur zu einer selbstverständlichen und präsenten Wahrheit in deinem Leben werden!** Und lass dich von dieser Wahrheit tragen – geradewegs in die große Kraft deiner Komfortzone!

Zum Abschluss unseres kleinen Exkurses möchte ich dir jetzt noch eine Achtsamkeitsübung für Körper und Seele vorstellen, die - natürlich - ebenso ein Form von Meditation ist, aber dabei den Kontext der Komfortzone besonders betont. Es ist sozusagen eine Wohlgefühl-Wahrnehmungsübung, die dich ganz leicht und sanft direkt in die große Freude deines göttlichen Da-Seins führen kann.

Übung: Dich in deinem Wohlsein WAHR-nehmen

1. Bringe deine Achtsamkeit vom Kopfbereich in dein Herz, allein mittels der Lenkung deiner Aufmerksamkeit. Lasse also deine Aufmerksamkeit voller Leichtigkeit in dein Herz sinken.

2. Spüre in deinen Körper hinein. Versuche ganz bewusst, deinen wundervollen Körper von innen zu fühlen, in dem Bewusstsein, dass du nicht dein Körper bist, sondern dein Körper ein Teil von dir ist. Fühle, wie gut es sich anfühlt, jetzt hier zu sein. Denn das tut es.

3. Dehne dieses wohlige Gefühl bis an die Grenze deines Körpers, bis zu den Haarspitzen, die sich auf deinem ganzen Körper befinden, aus.

4. Dehne das Gefühl dann über die Grenzen deines Körpers hinaus aus und spüre, dass du in diesem Wohlsein ein Teil der dich umgebenden Welt bist! Spüre, dass du mit dem Raum um dich in Verbindung stehst. Lass dein Wohlgefühl sich ausdehnen und den Raum streicheln. Bewege dich dazu in diesem Raum, wenn du magst. Spüre, wie es sich anfühlt. Spüre, wie die Luft auf deine Haut trifft. Wie dein inneres Licht nach außen strahlt, auf das Licht im Außen trifft und sich mit ihm verbindet. Spüre

dich, deinen Körper und die Verbindung zu deiner Umgebung, alles durchdrungen vom Wohlgefühl deines Da-Seins.

5. In diesem Zustand des allverbundenen Wohlgefühls gehe nun, so lange du möchtest, ganz achtsam durch den Raum und fühle jeden Schritt mit deinen Fußsohlen.

Du hast also nun die Stimme deines höchsten Selbst und deine göttliche Natur wahrzunehmen gelernt. Großartig! Was kannst du nun damit anfangen? Die Antwort ist simpel: So ziemlich alles! Herzlichen Glückwunsch! Dir hat sich soeben das Tor zu einer gigantischen neuen Welt eröffnet!

Lass uns den Weg in diese neue Welt direkt fortsetzen, indem wir einen sehr großen und kraftvollen, aber dir möglicherweise bislang unbekannten Teil davon erkunden: die Welt(en) in deinem Inneren! Im nächsten Kapitel wollen wir uns diesem überaus wichtigen Thema widmen und in dem Zusammenhang eine ganze Reihe weiterer hilfreicher Methoden zum Finden und Betreten deiner wahren Komfortzone kennenlernen.

Kapitel 7

Finde Deine Komfortzone – Eine kleine Einführung in Deine (innere) Welt

„I close my eyes and I can see
the world that's waiting up for me,
that I call my own. (…)
I don't care, I don't care, so call me crazy,
we can live in a world that we design. (…)
I think of what the world could be,
a vision of the one I see.
A million dreams is all it's gonna take.
Oh a million dreams for the world
we're gonna make.“
Benj Pasek/Justin Paul, A Million Dreams

Jetzt wird's magisch! Ja, wirklich! Denn echte Magie ist nichts anderes als „die Kunst, Geschenke aus einer anderen Welt in diese Welt zu bringen“ (Robert Moss)[7]. Und genau das wollen wir nun tun! In diesem Kapitel möchte ich dir eine kleine Einführung geben in die Welt(en), die du entdecken kannst, indem du nach innen schaust. Wir wollen außerdem einige Möglichkeiten kennenlernen, wie du diesen großen und

---

[7] *Robert Moss: „Sidewalk Oracles. Playing with Signs, Symbols, and Synchronicity in Everyday Life“, Kapitel 1. Zitat übersetzt aus dem Englischen von Christoph Hetzenecker.*

machtvollen Schatz in dir erkunden und seine Kraft bewusst für dich und deine Komfortzone nutzen kannst. Der Reichtum, der sich dir auf deinen inneren Reisen erschließen wird, ist gigantisch. Los geht's!

Was wir uns hier zuallererst bewusst machen dürfen, ist, dass es im Wesentlichen keine Trennung zwischen unserer äußeren und unserer inneren Welt gibt. Schamanische Traditionen auf der ganzen Welt wissen das seit Jahrtausenden: Sowohl die Welt, die du mit deinen äußeren Sinnesorganen (Augen, Ohren, Nase etc.) erfasst, als auch deine innere Welt, die du entsprechend mit deinen inneren Sinnen (inneres Sehen, Hören, Fühlen, Wissen etc.) wahrnehmen kannst, sind beide gleichermaßen real. Sie stehen in ständiger Wechselwirkung und Austausch miteinander - und mehr noch: Es ist deine innere Welt, die letztendlich deine äußere Welt erschafft!

Die innere Welt ist die subjektive Wirklichkeit, die du in dir trägst und ebenso wie deine äußere Wirklichkeit ausbauen, gestalten und pflegen kannst (und solltest!). Sie umfasst, grob gesagt, all deine Gedanken, Gefühle, Erinnerungen, inneren Bilder und Träume (sowohl die nächtlichen, als auch die am Tag). Obwohl diese innere Welt nicht physisch greifbar ist, hat sie doch einen enormen und unmittelbaren Einfluss auf dein tägliches Leben und Erleben. Deine inneren Bilder, Gedanken, Überzeugungen und Gefühle formen vollständig deine Wahrnehmung der äußeren Welt, beeinflussen deine

Entscheidungen, Beziehungen und dein allgemeines Wohlbefinden, erschaffen deine Erfahrungen und kreieren letztlich, was dir im Außen begegnet - und wie du dem Außen begegnest. Auch wenn die äußere Welt oft als die „reale“ Welt betrachtet wird, ist sie keineswegs realer als die innere und wird sehr stark von letzterer beeinflusst. Die bewusste Gestaltung unserer inneren Welt(en) ist also mindestens genauso wichtig, wie die der äußeren!

Die von mir besonders geschätzte schamanische Tradition Hawai'is, in der ich ausgebildet wurde und die in all mein Wirken mit einfließt, zeigt uns die oben geschilderten Zusammenhänge in wundervoller Klarheit auf: Traditionell wird die Welt hier in *Po* und *Ao* unterteilt. *Po* bezeichnet dabei die innere, unsichtbare Welt, den Traum im inneren, der seinerseits *Ao*, den äußeren Traum, hervorbringt. Das Wort *Po* bedeutet zugleich auch „Nacht“, da die Nachtzeit als die Repräsentation der inneren Welt, der Tag als Symbol der äußeren Welt gesehen wird. Was sich in der Helligkeit des kommenden Tages zeigt, wird in der schützenden Dunkelheit der vorausgehenden Nacht vorbereitet. Entsprechend gilt nach dem alten Wissen der Hawaiianer auch bereits der Sonnenuntergang als der Beginn der Manifestation eines neuen Tages, welche sich mit der Morgendämmerung dann „im Außen“ zeigt.[8] Dieses Weltbild der ha-

[8] *siehe dazu Serge Kahili King: „Der Stadtschamane. Ein Handbuch zur Transformation durch Huna, das Urwissen der hawaiianischen Schamanen“, Kapitel 6*

waiianischen Schamanen macht auf so poetische wie klare Weise deutlich, dass unsere äußere Wirklichkeit ein direkter Ausdruck unserer inneren Wirklichkeit ist und wir entsprechend gut beraten sind, unsere innere(n) Welt(en) zu erforschen, zu pflegen und ganz bewusst zu gestalten. Denn das machtvollste uns zur Verfügung stehende Tool zur Veränderung unseres Lebens besteht in der Veränderung unserer Innenwelt!

Die meisten Menschen sind sich dieser Zusammenhänge jedoch überhaupt nicht bewusst und konzentrieren ihre Sinne daher hauptsächlich auf die äußere Welt, in der Annahme, sie sei die einzige von Bedeutung, oder überhaupt die einzig existierende. Sie besuchen ihre innere Welt selten bis nie und wenn doch, dann meist nur unbewusst im Schlaf. Denn schlafen und träumen tun wir letztlich alle.

Du verpasst allerdings eine große Chance auf Schöpferkraft und Erkenntnis, wenn du die Existenz und Wirklichkeit deiner inneren Welt missachtest. Insbesondere weil es eben, wie gesagt, sogar hauptsächlich die Ereignisse in deiner Innenwelt sind, die deine äußere Welt erschaffen! Deine äußere Welt entsteht sozusagen ohnehin ständig aus der Quelle deiner inneren Welt – egal, ob du dir dessen bewusst bist oder nicht. Dies zu verstehen und anzunehmen, ist sehr wichtig. Die gute Nachricht ist aber: Du kannst jetzt sofort die Entscheidung treffen, deine innere Welt zu erforschen, und anfangen, ihren machtvollen Einfluss bewusst zu nutzen!

Und: Du bist heute Teil einer Gesellschaft, die dich bereits wunderbar auf diese Erforschung deiner inneren Welt vorbereitet hat. Ja! Bücher, Internet, Fernsehen und Kino haben deine Fähigkeit geschult, innere Welten zu erschaffen. Und das ist in der Geschichte der Menschheit tatsächlich etwas ganz Besonderes.[9] Lange Zeit gab es für die Menschheit nämlich nur sehr wenig Gelegenheit zur Schärfung der inneren Sicht. In alten Kulturen mit ausschließlich mündlicher Überlieferung von Wissen waren traditionelle Geschichten und Legenden, die (übrigens auch von Schamanen) mündlich wiedergegeben wurden, die einzigen Gelegenheiten, um die eigene innere Bildwelt zu schulen und anzuregen. Darüber hinaus hatten die Menschen aber oft keine andere Wahl als ihre Sinne hauptsächlich nach außen zu richten. Die Entwicklung und Verbreitung von Schreiben und Lesen war hier ein Meilenstein, eine ganz entscheidende Entdeckung in der Menschheitsgeschichte, die dich heute meisterlich darin geschult hat, bewusst innere Erfahrungen zu erschaffen. Durch Bücher und Zeitschriften hast du Zugang zu einem gigantischen Archiv von Geschichten aller Zeiten! Zusätzlich steht dir durch Internet, Fernsehen und Film ein unglaublich reicher Schatz an Bildern und

---

[9] *siehe zum Folgenden Serge Kahili King: „Der Stadtschamane", Kapitel 6*

menschlichen Erfahrungswelten jederzeit zur Verfügung, der deine Vorstellungskraft enorm hat wachsen lassen. Basierend auf all diesem Wissen kannst du sofort damit beginnen, schamanische Fähigkeiten wie Innenweltreisen anzuwenden. Du bist also bereits bestens vorbereitet auf die spannende Erforschung deiner inneren Welten!

Ich möchte dir in diesem Kapitel einige innere Reisen vorstellen, mit denen du mit dieser Erforschung sogleich beginnen und die großen Kräfte deiner innerer Welt(en) dazu nutzen kannst, deine Komfortzone zu finden und zu betreten. Und das Beste dabei: Dieses Erkunden und Erforschen deiner Innenwelt darf ein spielerisches Abenteuer sein, das sowohl dein Befinden als auch deine äußere Welt unmittelbar zum Besseren verwandelt! Naturgemäß wollen wir uns bei diesem Abenteuer im Kontext dieses Buches besonders darauf konzentrieren, deine wahre Komfortzone kennenzulernen, zu betreten und in deinem Leben zu etablieren. Generell kannst du aber jegliche Thematik deines Lebens in deiner inneren Welt abbilden und mit den in diesem Kapitel vorgestellten Methoden aktiv zum Positiven beeinflussen. Ich empfehle dir, spielerisch an die Sache heranzugehen und voller Freude damit zu experimentieren!

Realisiere dazu Folgendes: All deine inneren Erlebnisse sind (ebenso wie die äußeren) *deine* eigenen Schöpfungen und können daher auch von *dir* verändert und neu kreiert werden. Dein Verstand erschafft den Rahmen für die inneren Reisen, beispielsweise indem er die weiter unten stehenden Anleitungen dazu anhört und sie umsetzt. Dein Unterbewusstsein aber liefert die entscheidenden Details dazu.[10] Und genau diese Details sind der Grund, warum innere Reisen so wirkungsvoll sind: Sie erlauben uns, direkt mit unserem Unterbewusstsein zu kommunizieren und damit mit dem Teil von uns, der maßgeblich für die Erschaffung unserer Welt verantwortlich ist! Die folgende einfache Übung kann dir die erstaunlichen Fähigkeiten deines Unterbewusstseins spielerisch deutlich machen:

> *Schließe deine Augen und stelle dir vor, du gehst eine Straße in einem kleinen Dorf entlang... Am Ende der Straße befindet sich ein Gebäude, das größer ist als die anderen, und auf das die Straße zuführt... Gehe auf das Gebäude zu und schau dich dabei ein wenig um... Dann komm wieder zurück ins Hier und Jetzt und öffne deine Augen.*

Nach dieser kurzen inneren Erfahrung beantworte nun bitte folgende Fragen: Durch was für ein Dorf bist du gelaufen? War die Straße gepflastert oder nicht? Aus welchem Material waren die Gebäude? Gab es dort Bäume oder andere Pflanzen? Gab es dort andere Menschen? Was für ein großes Gebäude war das am

---

[10] *siehe dazu Serge Kahili King: „Begegnung mit dem Verborgenen Ich. Ein Arbeitsbuch zur Huna-Magie", Kapitel 13*

Ende der Straße? In welchem Teil der Welt lag das Dorf? Wie du sicher feststellen wirst, hast du auf alle oder die meisten dieser Fragen eine Antwort - aber keines dieser Details wurde in der Übung vorgegeben! Dort war nur die Rede von einem Dorf, einer Straße und einem größeren Gebäude. Das Unterbewusstsein hat dann all diese Details dazu ergänzt! Faszinierend, oder? Diese kleine Übung zeigt dir eindrucksvoll die großartige Fähigkeit deines Unterbewusstseins, innere Bilder zu erschaffen. Und sie soll dir Vertrauen und Mut geben, von dieser Fähigkeit von nun an Gebrauch zu machen. Denn sie ist es, die die Reisen in deine inneren Welten so kraftvoll und aufschlussreich macht, sie ist es, mit der du letztlich alles erschaffen und verändern kannst - im Innen wie im Außen! Es gibt dabei kein „richtig“ und „falsch“, es gibt nur das, was sich dir zunächst zeigt (sei offen dafür und schau es dir einfach an), und das, was du dann damit erreichen und daraus machen willst.

Eine gewisse Portion Vertrauen zu dir selbst gehört allerdings dazu, denn so machtvoll die Arbeit in deinen inneren Welten ist, sie wird nur dann funktionieren, wenn du nicht an deiner Macht zweifelst, sondern sie mit Bewusstsein und voller Zuversicht annimmst und ausübst. Auch in dieser Hinsicht gleichen sich die innere und die äußere Welt vollkommen.

Wenn du möchtest, kannst du dir alle inneren Reisen, welche ich dir im Folgenden nun vorstelle, als Audiodatei auf dein Smartphone oder deinen Laptop aufsprechen, um sie dir dann anhören und dich hindurch führen lassen zu können. Achte dabei darauf, genügend Pausen zu lassen, um das Gesagte auch wirklich in deiner inneren Welt in Ruhe mit allen Sinnen erleben zu können. Das Ganze mit Musik deiner Wahl zu unterlegen, ist ebenfalls sehr empfehlenswert und verstärkt den Effekt oft noch. Oder aber du nutzt die bereits von mir eingesprochenen Audiodateien dieser inneren Reisen, die auf *christoph-hetzenecker.com/audios* zum Anhören zur Verfügung stehen. Auch hier gilt wie immer: Folge ganz frei dem Weg, der sich stimmig anfühlt, und betritt deine Komfortzone!

Du kannst beim Erleben der inneren Reisen sitzen oder liegen, je nach deiner persönlichen Komfortzone. Beachte aber, dass eine liegende Position eventuell das Einschlafen während der Reise begünstigt. Das ist grundsätzlich auch ok, denn dein Unterbewusstsein erlebt die Reise trotzdem (auf seine Weise). Aber es ist schön und hilfreich, wenn auch der Verstand mit auf die Reise gehen und sich hinterher bewusst daran erinnern kann. Und das ist nur der Fall, wenn du dabei wach bleibst.

Innere Reise I:
Deine Kristallhöhle mit Heilplätzen und einem Ort der Aktivierung deiner Intuition und Klarsicht

Als ganz einfache Hinführung zur Arbeit mit deiner inneren Welt beginnen wir mit einer kleinen Reise an einen zauberhaften und nützlichen Ort: eine magische Höhle, die du für dich entdecken und deren heilsame Wirkung du für deine persönliche Entwicklung nutzen kannst. Viel Freude dabei!

Nimm eine angenehme Sitzposition (oder Liegeposition) ein, schließe deine Augen und nimm ein paar entspannte Atemzüge. Genieße es einfach, leicht und entspannt zu atmen. Und du genießt es, dass du, so entspannt wie du bereits bist, sogar noch mehr entspannen kannst…

…

Und dann stelle dir einfach vor, dass du auf einer Wiese stehst. Vielleicht einer zauberhaften Lichtung in einem Wald. Erlebe alles dort so detailliert wie möglich und setze dabei all deine inneren Sinne ein: Genieße die warmen Sonnenstrahlen, die durch die Wipfel der Bäume auf deine Haut und das Gras zu deinen Füßen fallen. Du spürst das weiche, saftige Gras unter deinen nackten Füßen und genießt den Kontakt zur Natur und zur Erde. Was kannst du hören?

Rauscht der Wind durch die Baumwipfel? Zwitschern Vögel? Wie sieht die Wiese aus? Gibt es Blumen? Was riechst du? Nimm alles genau wahr und genieße es mit allen Sinnen.

...

Und nun schau dich einmal ein wenig um: Am Waldrand siehst du den Eingang zu einer großen Höhle! Geh nun über die Wiese und betritt die Höhle. Sogleich findest du dich im Inneren eines majestätischen Berges wieder. Es ist ein Raum durchflutet von kristallinem Licht, das von unzähligen reinen Bergkristallen und anderen energetisch machtvollen Steinen reflektiert wird, die hier überall natürlicherweise vorkommen. An der Decke der Höhle befinden sich verschiedenfarbige Kristalle, durch die Sonnenstrahlen von außen in die Höhle fallen und den Boden vor deinen Füßen in alle Farben des Regenbogens tauchen. Es ist ein absolut bezauberndes Farbenspiel!

...

Dieser Ort, er ist so etwas wie der Mutterleib aller Kreation in deiner Welt. Verschiedene Heil- und Kraftplätze stehen dir hier zu Verfügung. Einer davon ist eine riesige Druse aus hellviolettem Amethyst, durchsetzt mit Bergkristall. Sie dient der Zirbeldrüsenaktivierung und damit der Entfesselung eines entscheidenden Werkzeugs zur Kreation deiner Welt: deiner Intuition und Klarsicht! Aufgeregt gehst du auf die Amethyst-

Druse zu. Sie ist so groß, dass du dich ganz hineinstellen kannst. Tu das und lasse dein ganzes System nun durchströmt werden von der kraftvollen Energie dieses Kristalls! Er reinigt jetzt dein Feld und ganz besonders deine Zirbeldrüse. Es ist ein angenehmes, befreiendes Gefühl. Genieße es, solange du möchtest.

…

Wenn die Reinigung und Aktivierung deiner Zirbeldrüse abgeschlossen ist, dann tritt wieder heraus aus der Druse und fühle wie strahlend, kraftvoll und voller Energie du nun bist! Du fühlst dich kristallklar und präsent und nimmst ein leuchtendes Strahlen um dich herum wahr. Welche Farben hat es? Du bist nun aufgetankt mit deiner Energie, deine inneren Sinne sind geschärft und einsatzbereit. Ein wundervolles Gefühl!

…

Wenn du magst, sieh dich noch ein wenig in der Höhle um und entdecke, ob es weitere Heilkristalle und -Plätze dort für dich gibt. Vielleicht möchtest du hier gleich auch noch andere Fähigkeiten aktivieren oder stärken lassen. Versuche aber nichts zu erzwingen. Auch falls sich gerade keine weiteren Heilkristalle melden, ist das völlig in Ordnung. Denn du kannst jederzeit an diesen Ort zurückkehren.

…

Und dann darfst du voller Freude und Stolz über die kraftvolle Aktivierung deiner inneren Sinne nun ganz in deiner Zeit langsam zurückkehren in deine äußere Welt. Darfst deine Beine bewegen, deine Arme und Finger, wenn du magst... den Raum und die Geräusche um dich wieder wahrnehmen... Und wenn du soweit bist, dann darfst du ganz in deiner Zeit die Augen öffnen und wieder ganz im Hier und Jetzt ankommen.

Willkommen zurück! Und herzlichen Glückwunsch zu deiner vielleicht ersten inneren Reise! Ich bin sicher, du hast bereits wundervolle Erlebnisse gehabt! Deine inneren Sinne sind nun bereit und werden mit jeder Reise mehr und mehr geschärft und trainiert werden. Du bist also nun bestens gerüstet, um das Abenteuer und die Schöpferkraft deiner inneren Welt zu erleben!

Als nächstes wollen wir deshalb direkt das „Epizentrum", sozusagen die „Homebase" deiner Innenwelt kennenlernen: deinen inneren Garten!

Innere Reise II:
Dein persönlicher innerer Garten und Wohlfühlort

Der innere Garten ist ein Raum in deiner inneren Welt, den du immer besuchen kannst, wenn du einfach nur entspannen und ganz in deiner Essenz meditieren möchtest. Ebenso ist der Garten ein wunderbarer Ort, der dir immer zur Verfügung steht, um Rat von deiner inneren Weisheit und geistigen Führung einzuholen. Du kannst dort beispielsweise Aspekten deiner selbst, wie deinem inneren Kind, deinem hohen Selbst oder einem Krafttier begegnen und mit ihnen kommunizieren. Und vor allem kann im inneren Garten auf spielerische Weise überaus kraftvolle Transformationsarbeit gemacht werden! Denn alles dort spiegelt deine bewussten und unbewussten Überzeugungen, Meinungen und Erwartungen wider. Wie oben bereits erläutert: Dein Verstand erschafft den Rahmen (in diesem Fall, indem er bewusst einen Garten als inneres Bild wählt) und dein Unterbewusstsein liefert die entscheidenden Details dazu. Diese Details sind es, die dir Aufschluss geben über deine Innenwelt, dir Fragen beantworten, wertvolle Einsichten ermöglichen und machtvolle Gestaltungsmöglichkeiten bieten.

Denn das Großartige ist: Wenn du deinen inneren Garten veränderst, veränderst du dich und damit auch dein Leben! Alles, was du dort pflanzt, sähst oder gestaltest, also alle „Gartenarbeit", die du dort verrichtest, hat ihr direktes Gegenstück in deinem Leben und in der äußeren Welt! Du erinnerst dich: es gibt keine eigentliche Trennung zwischen den beiden Welten. Das vollends Faszinierende an dieser Technik ist für mich aber, dass sie gleichzeitig ein so kraftvolles wie absolut spielerisches Werkzeug ist. Es macht einfach Freude, in den inneren Garten zu reisen und ihn bewusst zu entdecken und zu gestalten - und die Ergebnisse werden dich begeistern!

Folgenden Ablauf könnte eine Reise in deinen inneren Garten beispielsweise haben. Fühle dich dabei aber ganz frei, intuitiv Veränderungen vorzunehmen. Viel Freude auf der Reise!

> *Nimm eine angenehme Sitzposition (oder Liegeposition) ein, in der du nun bequem einige Zeit verweilen kannst. Nimm ein paar entspannte Atemzüge und genieße es, einfach leicht und entspannt zu atmen. Komm ganz in deinem Körper an. Nichts im Außen ist mehr wichtig. Atme durch die Nase ein, durch den Mund aus, und vielleicht möchtest du das bewusst und hörbar tun… Haaah…*
> *Dies ist ein heiliger, erhabener Moment, in dem du die Entscheidung getroffen hast, wieder ganz bei DIR anzukommen. Und du genießt es, dass du, so entspannt wie du bereits bist, sogar noch mehr entspannen kannst…*

...

Stelle dir nun einen Weg in einer Landschaft deiner Wahl vor. Der Weg kann aus jedem Material bestehen, das du magst. Lass ihn einfach vor deinem geistigen Auge entstehen. Du gehst also den Weg entlang und neben dem Weg beginnt eine Mauer, an der der Weg entlang führt. Und während du so gehst, beginnt der Weg, sich unter deinen Füßen zu färben:

Zunächst rot, warm und erdig...
Dann ein kraftvolles Orange, voller Energie...
Dann gelb, strahlend und sonnig...
Dann ein helles Grün, mit rosa Einsprengseln...
Dann leuchtendes Hellblau...
Gefolgt von kräftigem Indigoblau mit goldenem Flitter darin...
Und schließlich ein helles Violett mit Weiß...

Dieser violett-weiße Weg macht nun eine Kurve und trifft schließlich auf ein großes Tor in der Mauer. Wie sieht dieses Tor aus? Lass es einfach vor deinem inneren Auge entstehen... Und jetzt öffne das Tor. Falls es verschlossen ist: Du hast den Schlüssel dabei. Tritt nun durch das Tor - in deinen inneren Garten! Lass vor deinen inneren Augen einen Garten entstehen. Deinen individuellen inneren Garten. Es spielt keine Rolle, ob du schon einmal dort warst oder nicht. Schau einfach, was für ein Garten jetzt erscheint. Jede Art von Garten ist gut. … Lass ihn vor deinem geistigen Auge entstehen. Betrachte ihn. Nimm ihn wahr. Was gibt es darin? Gibt es da Pflanzen, Wege, Gewässer, ist er eher wild oder eher angelegt? Wie weit kannst du sehen?

…

Und vielleicht zieht das ein oder andere **Detail in deinem Garten** *besonders deine Aufmerksamkeit auf sich… dann schau es dir genau an, sieh es so klar wie möglich vor dir. Berühre es so eindeutig wie möglich. Fühle es mit deinen inneren Händen.*

…

Was hörst du in deinem Garten? Hör genau hin. Hörst du Vögel zwitschern oder Wasser rauschen oder den Wind heulen?

…

Wie riecht es in deinem Garten? Riechst du den Duft von Blumen oder feuchter Erde oder etwas anderes?… Wie fühlst du dich in deinem Garten?

…

Wenn du hier herumläufst, mach dir bewusst, dass dein Garten ein Symbol ist. Jede Pflanze, jeder Stein, alles dort ist ein Symbol deines Lebens. Du kannst hier Einblicke in alles erhalten, kannst Antworten auf alles bekommen. Und du kannst deinen Garten nach deinen Wünschen verändern.

…

Und wenn du dich jetzt einmal umschaust in deinem Garten, dann entdeckst du jetzt einen Weg, der auf eine Gruppe von Bäumen zuführt. Auf diesem Weg kannst du jetzt deinen inneren Gärtner/ Ratgeber/ Geistführer/ Begleiter/ dein inneres Kind/ dein Hohes Selbst (hier kannst du einsetzen, welchen Anteil von dir du auch immer treffen möchtest. Wir machen es jetzt mit deinem persönlichen inneren Gärtner) *zu dir kommen lassen. Lass deinen inneren Gärtner oder deine innere Gärtnerin einfach zu dir kommen. Das kann ein Tier sein, oder ein Mensch oder auch irgendein anderes Wesen, ein Fabelwesen sogar, ein Zwerg oder eine Fee oder oder oder… Lass* ***deinen persönlichen Helfer und Begleiter in deinem inneren Garten*** *auf dem Weg nun auf dich zukommen… Und wenn er oder sie bei dir angekommen ist, dann begrüßt euch herzlich. Ihr habt beide lange auf diese Begegnung gewartet!*

…

In deiner Tasche hast du ein Geschenk für deinen inneren Gärtner dabei. Hole es heraus, betrachte es kurz und überreiche es ihm oder ihr. Denke nicht darüber nach, tu es einfach.

…

Wenn du und dein Gärtner einander begrüßt habt, dann frage ihn oder sie jetzt, ob er oder sie dir etwas sagen möchte oder dich auf einen bestimmten ***Ort im Garten*** *aufmerksam machen* *möchte, der jetzt deine Aufmerksamkeit verlangt. Wenn du möchtest, kannst du ihn oder sie auch fragen, ob es einen Ort im Garten gibt, der in Zusammenhang mit dem Weg in deine wahre Komfortzone steht.*

…

Lass dich also jetzt von deinem inneren Gärtner führen und dir zeigen, was jetzt gerade für dich wichtig ist, worauf er oder sie dich aufmerksam machen, wobei dir helfen möchte.

…

Worauf dich dein Gärtner aufmerksam macht, was dir im Garten gezeigt wird, kann etwas sein, von dem du überrascht bist, das dir nicht sofort klar ist. Was auch immer es ist, es ist ein Symbol für etwas in deinem aktuellen Leben. Aber du musst jetzt gar nicht bewusst wissen, wofür es steht. Dein Unterbewusstsein weiß das ganz genau.

…

Wenn ihr also angekommen seid an dem Platz, den dein Gärtner dir zeigen möchte, dann wende dich jetzt direkt an den Ort, das Symbol oder das Detail und ***frage, was es jetzt gerade von dir braucht****, was du jetzt gerade für es tun kannst. Frage: „Wie kann ich dir helfen, besser zu werden?" Und dann lausche auf die Antwort. Lass dich darauf ein und sei völlig offen in der Kommunikation mit deiner inneren Welt. Es gibt kein richtig und falsch hier. Und selbst wenn es so* *aussehen sollte, als wäre gar keine Arbeit an dem Platz oder Detail nötig, nimm dir trotzdem vor, jetzt etwas daran zu verändern.*

…

Wenn du also herausgefunden hast, was zu tun ist, dann schau dich einmal in deinem Garten um: Du wirst feststellen, dass es noch weitere Helfer und Begleiter für dich darin gibt. Sie sind so etwas wie dein verlängerter Arm und können jegliche Gestalt haben. Lass sie zu dir kommen und dir bei deiner jetzt anstehenden Aufgabe helfen! Es stehen auch Gerätschaften jeglicher Art zur Verfügung, wenn du sie brauchst. Mit der Unterstützung deiner Helfer und mithilfe der Gerätschaften, kannst du nun mit deiner Aufgabe in deinem Garten beginnen. Du weißt, was das Richtige ist, und deine Helfer wissen es auch. Fangt einfach an.

…

Nimm dabei mit allen Sinnen den Veränderungsprozess wahr, den du und deine Helfer herbeiführt. Ich gebe dir jetzt etwas Zeit dafür.

…LÄNGERE PAUSE…

Komme jetzt langsam zum Ende der Gartenarbeit. Und wenn du fertig bist, frage nun den Platz, ob die Aufgabe abgeschlossen ist, oder ob es noch mehr zu tun gibt, ob du wiederkommen sollst. Triff gegebenenfalls eine Vereinbarung über das weitere Vorgehen.

…

Noch immer stolz und voller Freude über deine erfolgreiche Gartenarbeit bemerkst du nun, dass dein innerer Gärtner/ deine innere Gärtnerin wieder neben dir steht und lächelt. Auch er oder sie ist stolz auf dich und sagt, dass es jetzt noch einen ganz besonderen Teil des Gartens zu entdecken gilt.

…

Dein innerer Gärtner führt dich nun an einen besonderen Platz im Garten, an den du immer wieder zurückkehren kannst. Deinen persönlichen Wohlfühlort, an dem du jederzeit ganz in deiner Essenz meditieren oder einfach nur entspannen, genießen und Kraft tanken kannst. Richte dir diesen persönlichen Wohlfühlort jetzt so ein, wie du möchtest, und genieße ihn dann für eine Weile. Lass alles Erlebte ein wenig auf dich wirken und lass dich ganz durchströmen von dem Wohlgefühl, das hier an diesem Ort immer von dir erlebt werden kann.

…

Zum Schluss bedanke dich noch bei deinem inneren Gärtner/ deiner inneren Gärtnerin und verabschiede dich von ihm oder ihr. Es ist ein leichter Abschied, denn du weißt: Du bist hier immer willkommen! Es ist dein innerer Garten. Du kannst jederzeit über den farbigen Weg oder auf jede andere Art und Weise, die sich dir offenbart, hierher zurückkehren und deine Helfer und Begleiter treffen.

…

Und nun verlass deinen Garten durch das Tor, durch das du gekommen bist, in dem Wissen, dass du jederzeit zurückkehren kannst. Du kannst das Tor verschließen, oder offen lassen, ganz wie du möchtest.

…

Betritt nun wieder den Weg, der hell violett und weiß leuchtet, und dessen Farben jetzt noch ein klein wenig intensiver zu strahlen scheinen. Geh den Weg entlang, der sich langsam indigoblau färbt, dann hellblau, und dieses Hellblau wird langsam zu einem hellen Grün mit rosa Einsprengseln darin. Und auch hier erscheint es dir, als ob das Grün und das Rosa noch ein kleines bisschen mehr leuchten als vorher. Du gehst weiter zum strahlenden Gelb, und noch weiter zum kraftvollen Orange. Bis du schließlich wieder im erdig warmen, roten Bereich des Weges angekommen bist.

…

Von dort aus darfst du jetzt langsam zurückkommen, die Unterlage spüren, die dich trägt, vielleicht deine Beine bewegen, deine Arme und Finger, wenn du magst… den Raum und die Geräusche um dich wieder wahrnehmen…

Und wenn du soweit bist, dann darfst du ganz in deiner Zeit die Augen öffnen und wieder ganz im Hier und Jetzt ankommen.

Willkommen zurück! Und herzlichen Glückwunsch zur ersten Reise in deinen inneren Garten! Gut gemacht! Ich bin sicher, du hast die Reise genossen und konntest bereits erste wertvolle Erfahrungen sammeln. Mit dem inneren Garten hast du nun ein wundervolles und vielseitig einsetzbares Werkzeug an der Hand. Einen Ort in deiner inneren Welt, an den du immer wieder reisen kannst, wo du auf spielerische Art und Weise kraftvolle Veränderungen in deinem Leben anstoßen, bereichernde Einsichten gewinnen und immer mehr zu dir selbst kommen kannst.

Manche zeichnen gerne Karten oder Bilder von ihrem Garten, damit sie sich besser daran erinnern und beim nächsten Besuch leichter dorthin zurückkehren können. Das kannst du gerne ebenfalls machen, aber lasse bei jedem Besuch in deinem Garten auch Raum für Wachstum, Veränderung und neue Entdeckungen! Wie bereits gesagt, gibt der Verstand den Rahmen vor, aber das, was sich dann letztendlich in deinem Garten zeigt, ist immer ein direkter Ausdruck deines Unterbewusstseins und deiner geistigen Führung. Lasse dich immer wieder neu darauf ein, versuche nichts zu lenken oder zu erzwingen, sondern schau, was sich zeigt, und lass dich überraschen. Alles, was sich zeigt, ist richtig und wichtig.

Du hast in unserer ersten gemeinsamen Reise in den inneren Garten nun das Grundschema der inneren Gartenarbeit an die Hand bekommen, mit dem du ab jetzt immer wieder und immer mehr Wunder in deinem Leben verursachen kannst! Denn wie gesagt: Alles, was du in deinem inneren Garten sähst, „gärtnerst“ und zum Besseren veränderst, wird auch in deinem äußeren Leben seine positive Wirkung zeigen. Wie du sicher bereits verstanden hast, kannst du so natürlich auch jegliche Blockaden, die dir auf dem Weg in deine wahre Komfortzone begegnen mögen, nach und nach beseitigen! Und bei jedem Besuch wirst du die Wirklichkeit deines Gartens als Teil deiner inneren Erfahrungswelt noch verstärken. Ich lade dich also ein, ihn so oft wie möglich zu besuchen und zu nutzen! Ich selbst verwende dieses wunderbare Werkzeug häufig und gerne, wann immer ich Antworten auf bestimmte Fragen brauche, bestimmte Themen und Probleme analysieren und bearbeiten möchte oder mich einfach wieder „rekalibrieren“ und mit meiner spirituellen Essenz verbinden will.

Du kannst den inneren Garten außerdem auch als Ausgangsbasis für Reisen zu anderen spannenden und hilfreichen Orten in deiner inneren Welt nutzen. Und genau das wollen wir bei der nächsten Reise tun!

Innere Reise III:
Dein Krafttier und weiser innerer Ratgeber

In der nächsten inneren Reise wollen wir von deinem Garten aus an einen speziellen Ort reisen, an dem du eine ganz besondere Begegnung erleben wirst: Du wirst dein persönliches Krafttier kennenlernen, das dir als weiser Ratgeber und Begleiter immer zur Seite steht. Viel Freude!

Nimm wieder eine angenehme Sitzposition (oder Liegeposition) ein, in der du einige Zeit bequem verweilen kannst. Und nimm ein paar entspannte und genussvolle Atemzüge. Genieße es, einfach leicht und entspannt zu atmen. Komm wieder ganz bei DIR und in deinem Körper an. Nichts im Außen ist mehr wichtig. Atme durch die Nase ein, durch den Mund aus…. Haaah… Und du freust dich darüber, dass du, so entspannt wie du bereits bist, sogar noch mehr entspannen kannst.

…

Und nun betritt über den farbigen Weg oder auf jede andere für dich stimmige und funktionierende Weise wieder deinen individuellen inneren Garten!

…

Willkommen zurück! Sieh dich ein wenig um, nimm den Garten mit allen Sinnen wahr. Was hörst du? Was siehst du? Was riechst du?

...

Und dann lass wieder deinen inneren Gärtner/ deine innere Gärtnerin, deinen persönlichen Begleiter in deinem Garten zu dir kommen. Ihr begrüßt euch herzlich und er oder sie freut sich sehr, dass du wieder da bist. Denn heute wartet etwas ganz Besonderes hier in deinem Garten auf dich!

...

Dein innerer Gärtner zeigt auf einen großen Baum in der Nähe und führt dich dorthin. Gemeinsam klettert ihr mühelos in die Krone des majestätischen Baumes.

...

Oben angekommen genießt du die herrliche Aussicht und Weite des Himmels... Dein Gärtner zeigt nach oben und du siehst, dass sich über dir im Himmel eine weiß leuchtende Öffnung aufgetan hat... Sie übt eine magische Anziehungskraft auf dich aus und du ziehst dich mit deinen Händen dort hinauf und steigst durch die Öffnung.

...

Du befindest dich nun an einem wundersamen, lichterfüllten Ort. Dein Gärtner erklärt dir, dass dies der Ort ist, an dem du deinem persönlichen Krafttier, einem weisen und kraftvollen Ratgeber und Begleiter begegnen kannst... Dein Gärtner zeigt in die Ferne und du siehst nach und nach etwas aus dem hellen, weißen Licht auf dich zukommen. Als es näher kommt, erkennst du es: Es ist dein persönliches Krafttier!

…

Als es bei dir angekommen ist, begrüßt ihr euch voller Freude. Auf diese Begegnung habt ihr beide lange gewartet! Tief berührt schaust du deinem Krafttier in die Augen und es betrachtet dich liebevoll. Du spürst, dass es dich jetzt einlädt, ganz mit ihm eins zu werden, denn es möchte dich mitnehmen in seine Welt und seine Kraft und Weisheit mit dir teilen. Nutze diese Gelegenheit, werde eins mit deinem Krafttier und genieße nun für eine Weile die Erfahrung, die Welt durch die Augen und in der Energie deines Krafttiers wahrzunehmen! Ich gebe dir dafür etwas Zeit…

…LÄNGERE PAUSE…

Dann kehrt ihr langsam zurück von eurer Reise und du wirst wieder du selbst. Du lächelst dein Krafttier an und dankst ihm herzlich für diese eindrucksvolle Erfahrung. Dein Krafttier lächelt liebevoll zurück und steigt dann mit dir in deinen Garten hinab. Es teilt dir mit, dass du es immer treffen und um Rat fragen kannst. Es ist immer für dich da. Wenn du möchtest, kannst du es jetzt beispielsweise fragen, was du heute tun kannst, um deine wahre Komfortzone zu betreten und mehr und mehr in ihr zu leben. Du kannst ihm auch jegliche andere Frage stellen und es dir in seiner Weisheit zur Seite stehen lassen. Höre deinem Krafttier aufmerksam zu. Es wird dir immer antworten und liebevolle, hilfreiche Botschaften übermitteln.

...

Zum Abschluss eurer Begegnung gibt dir dein Krafttier nun noch ein Geschenk mit auf den Weg. Nimm es und sieh es dir an: Es ist ein kostbares Geschenk für dich, das dich immer begleiten wird.

...

Dein Krafttier schaut dir nun wieder tief in die Augen und lässt dich wissen, dass es immer an deiner Seite ist und dass du es jederzeit rufen kannst, wenn du es brauchst. Voller Dankbarkeit schaust du es an und beobachtest dann, wie es wieder gen Himmel aufsteigt.

...

Dann bemerkst du, dass dein innerer Gärtner/ deine innere Gärtnerin wieder neben dir steht. Er oder sie lächelt voller Freude über die so wichtige Begegnung, die du gerade erleben durftest. Dein Gärtner lädt dich ein, noch ein wenig an deinem Wohlfühlort hier im Garten zu verweilen, wenn du möchtest. Genieße noch ein wenig die Stimmung hier und lasse alles, was du erlebt hast, sich in Ruhe setzen, solange du willst.

...

Und dann darfst du von deinem Garten aus jetzt langsam wieder zurückkommen, die Unterlage spüren, die dich trägt, vielleicht deine Beine bewegen, deine Arme bewegen, wenn du magst, und den Raum und die Geräusche um dich wieder wahrnehmen... Und wenn du soweit bist, dann darfst du ganz in deiner Zeit die Augen öffnen und wieder ganz im Hier und Jetzt ankommen.

Innere Reise IV: Die magische Insel deiner Komfortzone

Als nächstes wollen wir an einen etwas „weiter entfernten" und sehr besonderen Ort in deiner inneren Welt reisen: Die magische Insel deiner wahren Komfortzone! Genau genommen ist dieser wundervolle Ort, den du nun kennenlernen wirst, nicht „nur" die magische Insel deiner Komfortzone, sondern allgemein eine Insel der Erkenntnis, Heilung und Initiation in dein wahres Sein. Wir wollen sie heute speziell dazu nutzen, deine wahre Komfortzone endlich zu betreten und zu erleben.

Dieser Ort in deiner Innenwelt, an den wir nun gemeinsam reisen wollen, wird in der schamanischen Tradition Hawai'is, in der ich ausgebildet wurde, *Bali Hai* genannt. Es ist eine exotische, paradiesische Insel der Einweihung und Erkenntnis, eine Schamanen-Insel, welche in der Astralebene über der hawaiianischen Insel Kaua'i liegt. Es gibt sogar eine Repräsentation dieses Ortes in der physischen Welt, und zwar in Form eines Berges im Norden von Kaua'i, der heute Bali Hai genannt wird, auf hawaiianisch aber *Makana* heißt. Das ist ein interessantes Detail, denn Makana bedeutet in der hawaiianischen Sprache soviel wie „Geschenk des Himmels". Der 1960 erschienene Film „South Pacific", der auf Kaua'i gedreht wurde, zeigte diesen Berg als verbotene, exotische Insel namens Bali Hai. Daher stammt der heute verwendete Name.

Viel wichtiger ist aber, dass diese magische und exotische Schamanen-Insel zugleich ein Ort in deiner Innenwelt ist, zu dem du jederzeit reisen kannst! Du kannst dort Schulungen von deinem inneren Schamanen/ deiner inneren Schamanin erhalten, neue wertvolle Erkenntnisse und Fähigkeiten erlangen und/oder dich mit deinen Licht-Ahnen verbinden und von ihnen Rat und Einweihungen erhalten. Einen solchen Ort der Initiation und Erkenntnis gibt es in vielen Traditionen der Welt (beispielsweise unter der Bezeichnung Shambala). In der hawaiianischen Tradition wird dieser innere Ort auch als Pali Uli („tiefgrüne Klippen") bezeichnet, aber wir wollen den verbreiteteren, aus der Sprache Samoas stammenden und durch den erwähnten Film bekannt gewordenen Namen *Bali Hai* verwenden.

Auf unserer nächsten inneren Reise wollen wir nun also diese magische Insel in deiner inneren Welt besuchen, um dort eine ganz besondere Einweihung zu erleben: Die Initiation in deine wahre Komfortzone! Du wirst deinen inneren Schamanen/ deine innere Schamanin dort treffen und er oder sie wird dir den Weg in deine Komfortzone zeigen. Ja, man könnte sagen, der große Moment ist gekommen: Du wirst nun volle Klarheit erhalten und stehst kurz davor, in deine Essenz einzutauchen, deine wahre Komfortzone, den Ort, an dem du ganz DU bist, tatsächlich zu betreten und zu erleben! Los geht's!

Nimm wieder eine gute, bequeme Sitzposition (oder Liegeposition) ein, in der du jetzt ca. 30 Minuten bequem und achtsam verweilen kannst. Nimm ein paar entspannte Atemzüge und genieße es, einfach leicht und entspannt zu atmen. Vielleicht möchtest du auch ganz bewusst und hörbar ausatmen und dabei alles loslassen: Haaah…

…

Dies ist ein heiliger, erhabener Moment, in dem du die Entscheidung getroffen hast, wieder ganz bei DIR, und in deiner wahren Komfortzone anzukommen! Und du genießt es, dass du, so entspannt wie du bereits bist, sogar noch mehr entspannen kannst.

…

Und so betritt jetzt wieder auf deine Weise deinen individuellen inneren Garten… Lass ihn vor deinem inneren Auge entstehen. Nimm ihn wahr. Was gibt es darin? Gibt es da Pflanzen, Wege, Gewässer, wie weit kannst du sehen? Und vielleicht zieht das ein oder andere Detail in deinem Garten besonders deine Aufmerksamkeit auf sich. Dann schau es dir genau an, sieh es so klar wie möglich vor dir. Berühre es so eindeutig wie möglich, fühle es mit deinen Händen. Was hörst du in deinem Garten? Hör genau hin. Hörst du Vögel zwitschern oder Wasser rauschen oder den Wind heulen? Wie riecht es in deinem Garten? Riechst du Blumenduft oder nasse Erde oder etwas anderes?

…

Und wenn du dich jetzt einmal umschaust in deinem Garten, dann entdeckst du jetzt einen Weg, der aus dem Garten hinaus und auf eine Gruppe von Bäumen zuführt. Geh diesen Weg entlang… Er führt dich direkt zu einem Strand.

…

Am Strand angekommen siehst du, dass dort ein wunderschönes Boot, ein Katamaran oder dergleichen liegt und nur darauf wartet abzulegen. Vom Boot aus winken dir schon zwei übers ganze Gesicht strahlende Polynesier freundlich zu und bedeuten dir, zu ihnen an Board zu kommen. Sobald du auf dem Boot bist, machen sie die Leinen los und ihr stecht in See… Schon bald befindet ihr euch auf dem weiten Ozean und du siehst nur noch das tiefblaue, glitzernde Wasser, über das der Katamaran schnell dahingleitet. Die beiden Polynesier wissen genau, was sie tun und ihr kommt schnell voran. Du lehnst dich zurück und genießt die Fahrt… Da bemerkst du, dass Delfine das Boot begleiten! Voller Freude beobachtest du, wie sie spielerisch immer wieder aus dem Wasser springen.

…

Nach einiger Zeit deutet einer deiner beiden polynesischen Seeleute nach vorne und du siehst in der Ferne die Umrisse einer wunderschönen, tropischen Insel auftauchen. Bali Hai! Ein weißer Vogel mit einem langen Schweif kreist über eurem Boot und weist euch den Weg zur Insel… Schon seid ihr angekommen und legt an einem wunderschönen, weißen Sandstrand an. Die Polynesier machen das Boot fest und bedeuten dir, dass sie hier warten werden, während du an Land gehst.

…

Du spürst den weichen Sand unter deinen Zehen und schlenderst am Strand entlang. Genießt die salzige Luft und die sich leicht im Wind wiegenden Palmen von Bali Hai. Da bemerkst du, wie eine Gestalt den Strand entlang kommt. Es ist dein innerer Schamane/ deine innere Schamanin!

Er oder sie begrüßt dich voller Freude und hängt dir einen Lei, eine duftende Blumenkette als Ausdruck der Wertschätzung und des Willkommens um den Hals: „E Komo Mai! Wie schön, dass du hier bist! Wir haben dich schon erwartet!" Auch du begrüßt ihn oder sie herzlich und in deiner Tasche hast du ein Geschenk dabei. Greif hinein, hol es heraus, betrachte es kurz und überreiche es ihm oder ihr. Denke nicht darüber nach, tu es einfach.

...

Dein Schamane/ deine Schamanin bedeutet dir jetzt, ihm oder ihr zu folgen, und schon macht ihr euch auf den Weg in Richtung des dichten Dschungels hinter dem Strand. Er oder sie führt dich durch wunderschöne tropische Vegetation und weist dich unterwegs immer wieder auf die zauberhaften Details hin.

...

Bald seid ihr am Eingang zu einer großen Höhle im Wald angekommen. Dein Schamane/ deine Schamanin bedeutet dir hineinzugehen und du betrittst die Höhle. Sogleich findest du dich im Inneren eines majestätischen Berges wieder. An der Decke der Höhle befinden sich verschiedenfarbige Kristalle, durch die Sonnenstrahlen von außen in die Höhle fallen und den Boden vor deinen Füßen in alle Farben des Regenbogens tauchen. Es ist ein absolut bezauberndes Farbenspiel!

Während du noch die Atmosphäre genießt, hörst du vom anderen Ende der Höhle ein sanftes Rauschen. Du gehst dem Rauschen nach und stehst nun direkt hinter einem wunderschönen Wasserfall, der den anderen Eingang zur Höhle verbirgt. Du betrachtest voller Staunen eine Weile das Glitzern und machtvolle Tosen des Wassers und erinnerst dich: es ist der ***Wasserfall der Reinigung.*** *Und du weißt, dass er etwas ganz besonderes und magisches an sich hat. Bereits die kleinen Tropfen der Gischt, die du auf deiner Haut wahrnehmen kannst, fühlen sich ungewöhnlich reinigend und kraftvoll an.*

…

Wie magisch angezogen gehst du näher heran, legst deine Kleidung ab und steigst in das glasklare Becken, in das der Wasserfall fällt. Sofort fühlst du dich unendlich erfrischt und belebt. Du schöpfst das klare Wasser an deine Lippen, trinkst es und genießt seine vitalisierende Wirkung… Die Spirits des Wasserfalls heißen dich erneut willkommen, hier am Wasserfall der Reinigung. Sie laden dich ein, dich nun ganz unter den Wasserfall zu stellen. Dies tust du und lässt das sehr kraftvolle, aber doch angenehme Wasser an deinem Kopf, deinen Schultern, deinem ganzen Körper hinabfließen… Du spürst, wie es alles gründlich und kraftvoll von dir abwäscht, was nicht zu DIR gehört… Das Glitzern des Wassers färbt sich in verschiedenen Farben, die jeweils unter-

schiedliche Reinigungswirkungen haben, und mit jedem Farbwechsel fühlst du dich leichter, freier und kraftvoller.... Schicht um Schicht wäscht der Wasserfall alles von dir ab, was nicht deiner ureigenen Seelenessenz entspricht. Genieße diese tiefe Reinigung!

...

Dann ist die Reinigung abgeschlossen und du trittst unter dem Wasserfall hervor und steigst aus dem Becken. Die Strahlen der Sonne wärmen und trocknen dich und die große Leichtigkeit, Klarheit und Freude, die du fühlst, sind unbeschreiblich. Du legst neue Kleidung deiner Wahl an während die Sonne dich mit kraftvoller Energie auflädt - und dein Tatendrang erwacht! Du spürst, dass es nun an der Zeit ist, vollkommen gereinigt und als ganz du selbst einzutreten in ein völlig neues Sein! Du schaust noch einmal zurück zum Wasserfall der Reinigung und bedankst dich herzlich bei den Spirits. Als du dich wieder umdrehst, siehst du, dass dein Schamane/ deine Schamanin schon freudestrahlend auf der anderen Seite des Beckens auf dich wartet. Nun ist die Zeit gekommen, den Ort deines höchsten Potenzials und deiner Essenz zu betreten, deine wahre Komfortzone!

...

Du folgst deinem Schamanen/ deiner Schamanin weiter in den Wald hinein und einen kleinen Hügel hinauf. Die Vögel zwitschern freundlich und die ganze Natur scheint dich auf deinem Weg zu unterstützen. Schon bald seid ihr auf der Spitze des Hügels angekommen und dein Schamane/ deine Schamanin zeigt dir zwischen zwei großen Bäumen etwas, das aussieht, wie ein silberner Spiegel mit flüssiger Oberfläche. Du stellst dich davor und schaust hinein. Du siehst darin dein Spiegelbild, strahlend und klar. Dein Schamane/ deine Schamanin legt dir einen Arm um die Schulter und sogleich kommt ein goldener Lichtstrahl aus deinem Herzen und berührt dein Spiegelbild ebenfalls im Herzen. Die silbrige Oberfläche färbt sich daraufhin golden und ein strahlend goldenes Licht umgibt dich. Du hast das Portal nun programmiert auf deine wahre Komfortzone, deine ureigene Essenz! Es ist nun bereit und wird dich direkt an den Ort deines höchsten Potenzials und Wohlgefühls führen. Den Ort, an dem du ganz DU bist. Du bist bereit und durchschreitest JETZT das goldene Portal zu deiner wahren Komfortzone.

…

Schau dich um hier an dem Ort deiner Seelenessenz, in deiner wahren Komfortzone: Was kannst du wahrnehmen? … Was fühlst du? … Alles was du wahrnimmst ist richtig und wichtig… Genieße jetzt einfach eine Weile das Dasein an diesem Ort!

…LÄNGERE PAUSE…

Was auch immer du hier wahrnimmst, ein Gefühl ist auf jeden Fall damit verbunden. Wie fühlt es sich an? Kannst du dieses Gefühl klar und deutlich fühlen?

...

*Hier an diesem Ort deiner wahren Komfortzone kommt nun dein Schamane/ deine Schamanin wieder zu dir. Er oder sie ist voller Freude und so stolz auf dich in diesem heiligen Augenblick! Er oder sie legt eine Hand auf dein Herz und hält die andere Hand mit der Handfläche nach oben vor dich: Du siehst, wie etwas in seiner/ ihrer Hand Gestalt annimmt, als wäre es direkt aus deinem Herzen entstanden... Es ist ein Geschenk für dich, eine Repräsentation der Essenz dieses Ortes, deiner wahren Komfortzone – das Gefühl, das du hier fühlst, ist darin gespeichert. Es ist sozusagen **deine Komfortzone für die Hosentasche** und es wird dir helfen, dich immer an sie zu erinnern und sie zu fühlen. Nimm dein Geschenk zu dir und sieh es dir genau an. Verankere es fest in deinem Sein... Es wird dich von nun an auf deinem Weg begleiten.*

...

Noch immer erfüllt von dem wundervollen Gefühl, das DEINE Essenz, DEINE Komfortzone ausmacht, führt dich dein Schamane/ deine Schamanin nun zurück an den Strand von Bali Hai. Dort lächelt er oder sie dich stolz und voller Freude an, jetzt, da du ganz bei DIR angekom-

men bist, deine wahre Komfortzone betreten hast, mit deinem höchsten Selbst und deiner Seelenessenz verschmolzen bist. Dein Schamane/ deine Schamanin hat einen Lei Po'o für dich angefertigt, eine Blumenkrone für den Kopf und er oder sie krönt dich jetzt damit, als Zeichen deiner Initiation in dein wahres Sein.

...

Ihr setzt euch nebeneinander in den Sand und dein Schamane/ deine Schamanin deutet zum Ozean: Die Sonne geht gerade unter und taucht alles in Gold und Orange! So sitzt ihr nebeneinander und genießt einfach eine Weile.

...

Dann bedeutet dir dein Schamane/ deine Schamanin, dass es nun Zeit ist, für heute Abschied zu nehmen. Aber bevor du wieder zurück zum Boot gehst, wirst du noch zu einem kleinen Altar am Rand des Waldes geführt. Es ist der Altar der Wertschätzung, auf dem jeder Besucher von Bali Hai etwas hinterlässt, bevor er die Insel verlässt. Etwas aus deiner Essenz, mit dem du dich bedankst für all den Segen und die Geschenke, die du auf dieser Insel erhalten durftest. Lass es sich einfach in deinen Händen formen. Jetzt. Und lege es voller Freude auf den Altar. Und vielleicht wird es eines Tages jemand anders dort finden und es wird ihn oder sie sehr inspirieren und hilfreich sein.

...

Nachdem du deine Gabe am Altar hinterlassen hast, zeigt dir dein Schamane/ deine Schamanin den Weg am Strand entlang zurück zu deinem Boot, wo deine beiden netten polynesischen Seeleute schon auf dich warten, bereit den Anker zu lichten. Du bedankst dich noch einmal herzlich bei deinem Schamanen/ deiner Schamanin und ihr umarmt euch wie alte Freunde. Es ist ein freudvoller Abschied, denn du weißt: Du kannst jederzeit wiederkommen und mehr Abenteuer hier auf Bali Hai erleben!

...

Dann steigst du auf das Boot, die beiden Polynesier lichten den Anker und ihr legt ab. Vom Strand aus winkt dir dein Schamane/ deine Schamanin zum Abschied liebevoll zu und schon seid ihr im letzten goldenen Abendlicht unterwegs über den Ozean. Die Delfine begleiten wieder das Boot und wenn du magst, frag sie doch einmal, ob sie eine Botschaft für dich haben, die sie dir mit auf den Weg geben möchten.

...

Dann kommt ihr wieder am Strand an und die Polynesier vertäuen das Boot. Du bedankst dich herzlich bei ihnen für ihren Dienst und machst dich auf den Weg zurück in deinen Garten. Genieße nun noch ein wenig die Stimmung hier und lasse alles, was du erlebt hast, sich in Ruhe setzen.

…

Und dann darfst du von deinem Garten aus jetzt langsam und ganz in deiner Zeit zurückkommen, die Unterlage spüren, die dich trägt,… vielleicht deine Beine bewegen, deine Arme bewegen, wenn du magst, …und den Raum und die Geräusche um dich wieder wahrnehmen… und wenn du soweit bist, dann darfst du in deiner Zeit die Augen öffnen und wieder ganz ankommen im Hier und Jetzt einer NEUEN Welt! Einer Welt, in der du ganz in DEINER Seelenessenz, in DEINER Komfortzone DA BIST.

Willkommen zurück! Und herzlichen Glückwunsch zu deiner wahren Komfortzone! Herzlichen Glückwunsch zu deinem neuen Sein! Du hast es geschafft! Wie du vermutlich selbst festgestellt hast, ist die Reise, welche du gerade gemacht hast, eines der kraftvollsten und wichtigsten Werkzeuge in diesem Buch. Und ich bin sicher, sie hat dich einen gewaltigen Schritt nach vorn gebracht auf dem Weg zur großen Kraft deiner wahren Komfortzone! Reise gerne immer wieder nach Bali Hai und schaue, ob und wie sich deine Komfortzone dort im laufe der Zeit verändert. Verbinde dich immer wieder damit und nutze auch dein „Komfortzone-für-die-Hosentasche-Geschenk" regelmäßig, um dich im Alltag mit deiner Essenz zu verbinden. Diese Geschenke, die wir in unseren inneren Welten erhalten, haben übrigens die Tendenz, sich auch in der äußeren Welt zu materialisieren. Das ist nicht notwendig, aber wenn dir dein Essenz-Geschenk oder etwas, das ihm gleicht, im Außen begegnet, dann zögere nicht und nimm es auch hier an! Glaube mir: Dein Verstand und dein Körper werden Luftsprünge machen.

Nachdem du nun die wichtigste innere Reise dieses Buches erfolgreich absolviert hast, möchte ich dir zum Abschluss dieses Kapitels noch eine sehr praktische Übung mit an die Hand geben.

Übung: Programmiere das Portal zu deiner (jeweiligen) Komfortzone

Wie wir in früheren Kapiteln bereits gehört haben, gibt es nicht nur die eine allgemeine Komfortzone in deiner Welt, die es zu entdecken gilt und die du auf Bali Hai betreten und gefühlt hast, sondern jeder Bereich deines Lebens, ja jede einzelne Aktivität, jedes Projekt etc. hat ebenso seine ganz spezifische Komfortzone, also die Art und Weise seiner Beschaffenheit, die dir am meisten entspricht und sich am besten für dich anfühlt. Deine große „Lebenskomfortzone" ist also zusammengesetzt aus vielen kleineren Komfortzonen, die jede für sich auch wichtig, wertvoll und kraftvoll sind. Deshalb habe ich ein Werkzeug entwickelt, mit dem du jeden Bereich deines Lebens, jedes Projekt, jede Beziehung usw. auf deine wahre Komfortzone hin überprüfen kannst. Es ist das Portal zu deiner jeweiligen Komfortzone. Du kannst es ganz einfach in deinem inneren Garten installieren und dich von ihm direkt in deine jeweilige Komfortzone von so ziemlich allem bringen lassen, worüber du diesbezüglich Auskunft erhalten möchtest. Programmiere es einfach zu einem Thema, zu dem du jetzt gerade deine wahre Komfortzone kennenlernen und fühlen möchtest, und lass dich direkt dorthin führen!

Ich habe mein Portal beispielsweise einmal darauf programmiert, mir zu zeigen, wie meine wahre Komfortzone bezüglich des Verfassens dieses Buches aussieht. Ich bin hindurch geschritten und habe mich sogleich über golden beschienene Baumwipfel fliegen sehen. Die Baumwipfel glitzerten in der Sonne und ich streifte über sie und sammelte immer wieder genussvoll Lichtkugeln von den Bäumen auf, die ich wie Schätze in einen Korb legte. Es war wie ein magisches „Trüffelsuchen“ und ich wusste sofort, was es bedeutete: Ich soll das Buch schreiben, indem ich von überallher aus meiner Welt Schätze der Inspiration zusammensammle und sie zu einem Buch vereine! Diese Klarheit und Vision meiner individuellen Schreib-Komfortzone hat mich dann durch den Schreib-Prozess getragen und mir wertvolle Informationen darüber gegeben, wie ich ihn gestalten soll.

Im Folgenden möchte ich dir eine kurze Anleitung geben, wie du das Portal zu deiner jeweiligen Komfortzone in deinem inneren Garten installieren und nutzen kannst:

Nimm wieder eine angenehme Sitzposition (oder Liegeposition) ein, in der du einige Zeit bequem verweilen kannst. Und nimm ein paar entspannte und genussvolle Atemzüge. Genieße es, einfach leicht und entspannt zu atmen. Komm wieder ganz bei DIR und in deinem Körper an. Nichts im Außen ist mehr wichtig. Atme durch die Nase ein, durch den Mund aus…. Haaah… Und du freust dich darüber, dass du, so entspannt wie du schon bist, sogar noch mehr entspannen kannst.

…

Und dann betritt jetzt wieder auf deine Weise deinen individuellen inneren Garten! Lass ihn vor deinem inneren Auge entstehen. Nimm ihn genau wahr. Was gibt es darin? Was kannst du sehen, riechen, hören? Welches Detail zieht besonders deine Aufmerksamkeit auf sich? Berühre es so deutlich wie möglich mit deinen Händen.

…

Und dann sieh dich einmal um in deinem Garten und lass dir nun einen Platz zeigen, an dem du dein programmierbares Komfortzonen-Portal installieren kannst. Geh zu diesem Platz und lass einfach ein Portal vor deinen geistigen Augen entstehen. Errichte es so, wie es für dich stimmig ist, und gestalte es so lange, bis es für dich passt.

…

Und dann probiere es direkt einmal aus! Lass ein Thema aus deinem Leben in dir auftauchen, zu dem du jetzt deine individuelle, wahre Komfortzone kennenlernen, fühlen und erleben möchtest… Und dann habe die Intention, dass dein magisches Portal nun genau so programmiert werden möge, dass es dich in diese spezielle Komfortzone bringt! Beobachte, ob und wie sich das Erscheinungsbild des Portals dadurch vielleicht verändert.

…

Und wenn du das Gefühl hast, dass es nun bereit ist, dann schreite hindurch! Und lass dich direkt in die jeweilige Komfortzone führen, auf die das Portal programmiert wurde. Nimm mit allen Sinnen wahr, was du nun erlebst!… Auch hier gilt: Es gibt kein Richtig und Falsch! Alles, was du nach Durchschreiten des Portals erlebst, ist richtig und wichtig. Lasse dich freudvoll darauf ein und genieße den großen Wert dieser Erfahrung.

…

Wenn du fertig bist, kannst du durch das Portal wieder in deinen Garten zurückkehren. Das Portal setzt sich automatisch wieder „auf null" und ist nun bereit, neu programmiert zu werden. Wenn du magst, kannst du nun direkt eine neue Komfortzonen-Erkundung vornehmen oder du ruhst dich noch ein wenig an deinem Entspannungsplatz im Garten aus und verarbeitest das Erlebte. Verweile in deinem inneren Garten so lange du möchtest.

…

Und wenn du spürst, dass es an der Zeit ist, dann komme langsam wieder zurück ins Hier und Jetzt, spüre die Unterlage, die dich trägt, bewege vielleicht deine Beine, deine Arme, wenn du magst, und nimm den Raum und die Geräusche um dich wieder wahr… Und wenn du soweit bist, dann darfst du ganz in deiner Zeit die Augen öffnen und wieder ganz im Hier und Jetzt ankommen.

Großartig! Du hast nun eine grundlegende Einführung in deine machtvolle innere Welt erhalten und wirst jeden Tag besser darin werden, sie zu erkunden. Du kannst sie nun nutzen, um dein Leben aktiv zu gestalten, die große Kraft deiner Komfortzone zu entfesseln und die Wunder zu erleben, die sich dadurch in deiner Welt einstellen werden.

Damit ist bereits ein großer Teil unseres gemeinsamen Weges geschafft! Im weiteren Verlauf des Buches wollen wir nun noch andere interessante Blickwinkel auf das Thema Komfortzone einnehmen, die dir dabei helfen werden, es noch tiefer zu verstehen und dir zu eigen zu machen.

Beginnen wollen wir damit, dass wir uns einmal fragen: Wie konnte eigentlich überhaupt jemals jemand auf die Idee kommen, dass etwas, das *Komfort*-Zone heißt, per se schlecht ist und man es verlassen sollte? Vielleicht hast du dir diese grundlegende Frage beim Lesen bis hierher auch schon gestellt: Sollte das Wort „Komfort" denn nicht eigentlich unzweifelhaft positiv belegt und es deshalb gar nicht möglich sein, daraus einen negativ geprägten Begriff zu formen? Für mich ist die Antwort klar: Ja natürlich!

Der Grund, warum eine solche seltsam verdrehte und verzerrte Aufladung des Begriffs überhaupt erst möglich war, ist meiner Ansicht nach in einem weiteren grundlegenden und tief ins Kollektivbewusstsein eingebrannten Missverständnis zu finden. Diesem wollen wir uns im nächsten Kapitel widmen.

KAPITEL 8

LICHT WIRFT KEINEN SCHATTEN. ÜBER DEN UNTERSCHIED ZWISCHEN DUALITÄT UND POLARITÄT

„Dunkelheit ist das Gegenteil von Licht, aber Licht ist nicht das Gegenteil von Dunkelheit, denn die Ausgrenzung erfolgte nur von der Seite der Dunkelheit. (…) Das Böse ist »außerhalb« von Gott, so wie Dunkelheit »außerhalb« des Lichts ist, aber wenn die Mauern fallen, ist dort, wo Dunkelheit war, ebenfalls Licht. Um es paradox zu formulieren: Gott ist alles, aber nicht alles ist Gott.“

Armi Risi

Dieses Kapitel könnte nun endgültig an den Grundfesten dessen rütteln, was du bisher aufgrund deiner gesellschaftlichen Prägung für „wahr“ gehalten haben magst, und sie endlich zum Einsturz bringen. Und genau deshalb ist es in diesem Buch so wichtig! Wie du aufgrund des Eröffnungszitats, das von dem Philosophen und spirituellen Lehrer Armin Risi stammt[11], vielleicht schon vermutet hast, machen wir jetzt einen Ausflug zu fundamentalen Fragen des Universums. Denn auf dem Weg in unsere wahre

[11] *Alle Zitate von Armin Risi in diesem Kapitel stammen aus seinem lesenswerten Artikel mit dem Titel „Polarität & Dualität. Die Brisanz der ganzheitlichen Spiritualität“, Quelle: https://armin-risi.ch/PDF/Lichtfokus_40_dualitaet_polaritaet.pdf*

Komfortzone müssen wir uns noch mit einem sehr weit verbreiteten und äußerst folgenreichen Missverständnis befassen und es beseitigen. Dieses Missverständnis ist wohl eines der größten Hindernisse für dein Wohlbefinden überhaupt und man kann es vielleicht sogar als die „Mutter" des verqueren Komfortzonen-Narrativs bezeichnen. Die Rede ist von den Konzepten „Polarität" und „Dualität" und dem wichtigen Unterschied zwischen den beiden.

Auch wenn dieses Thema auf den ersten Blick etwas trocken und von rein philosophischem Interesse zu sein scheint, hat es tatsächlich einen tiefgreifenden Einfluss auf unser tagtägliches Leben und darauf, wie wir unsere Wirklichkeit erschaffen. Es lohnt sich sehr, besonders im Kontext unseres Themas, hier einmal genauer hinzuschauen. Denn im alltäglichen Verständnis herrscht weit verbreitete Verwirrung über die beiden Konzepte „Polarität" und „Dualität". Ich möchte sogar behaupten, dies ist eines der wirkmächtigsten Missverständnisse auf unserem Planeten - und verzerrt heftig unsere Sicht auf die Natur der Wirklichkeit! Warum glaube ich das?

Kurz gesagt: Wie wir gleich sehen werden, ist Polarität ein natürliches Phänomen, während Dualität dies nicht ist. Verwechseln wir jedoch Dualität mit Polarität, führt die aus dieser Verwechslung resultierende *scheinbare* „Natürlichkeit" der Dualität zu einem ziemlich unvorteilhaften Glaubenssystem und dementsprechend zu einer nicht besonders erfreulichen Realität. Diese Verzerrung ist nach wie vor stark wahrnehmbar in unserer Gesellschaft und bereitete meiner Ansicht nach eben auch den ursprünglichen Nährboden, auf dem all die Missverständnisse im Bezug auf das Thema Komfortzone, die wir in diesem Buch kennengelernt haben, prächtig gedeihen konnten.

Sehen wir uns die beiden Konzepte zunächst etwas genauer an: „Polarität" ist ein Begriff, der im Bereich der Natur- und Geisteswissenschaften verbreitet ist und oft in unterschiedlichen Bedeutungen Verwendung findet. So zum Beispiel in der Physik im Bezug auf elektrische Ladung oder beim Magnetismus. Wir wollen das Konzept hier im Kontext des alltäglichen Gebrauchs betrachten. Die meisten Menschen verwenden den Begriff „Polarität" nämlich in Bezug auf **komplementäre Paare**, wie beispielsweise männlich und weiblich, Sonne und Mond, Tag und Nacht, Ruhe und Aktivität, Sommer und Winter etc. Wenn du dir diese Paare einmal ansiehst, wirst du feststellen, dass jedes von ihnen als natürliches Phänomen betrachtet werden kann und die beiden Teile sich jeweils ergänzen und bereichern. Jedes polare Paar ist sozusagen gemeinsam größer als die Summe seiner Teile. Oder um es mit den Worten Armin Risis auszudrücken: „Polarität ist die Zweiheit von gleichwertigen, sich gegenseitig ergänzenden Polen, gründend im natürlichen Gleichgewicht der göttlichen Ordnung. (…) [Sie] ist das Grundprinzip der göttlichen Schöpfungsdynamik und ist Ausdruck der ursprünglichen Harmonie der materiellen Welt."

„Dualität" hingegen bezieht sich auf Paare von Gegensätzen. Beispiele für duale Paare sind: Krieg und Frieden, Freude und Leid, Gesundheit und Krankheit, Fülle und Armut, Glück und Unglück, Liebe und Hass, um nur einige zu nennen. Und ja, auch Wohlbefinden und Unbehagen fallen in diese Kategorie! All dies sind **Gegensatzpaare**, die einander keineswegs ergänzen oder gar voneinander abhängen. Im Gegenteil: Es *kann* Frieden ohne Krieg geben. Du *kannst* Freude ohne Leid erleben. Du *kannst* gesund sein, ohne krank zu sein. Und du *kannst* ein Leben in Fülle führen, ohne jemals Armut zu erfahren.

Werden Polarität und Dualität nun allerdings verwechselt oder aus einem Missverständnis heraus gleichsetzt, wie es tatsächlich häufig geschieht, werden Gegensätze plötzlich miteinander „verschweißt" und scheinbar unvermeidlich und natürlich (wie die zuvor erwähnten polaren Paare), obwohl sie das keineswegs sind! Und dieses Missverständnis kann fatale Folgen für die Welt haben, die du dir erschaffst. Es kann eines der größten Hindernisse auf dem Weg in deine wahre Komfortzone sein! Warum ist das so? Ganz einfach: Dein konditionierter Verstand könnte aufgrund der Verwechslung von Polarität und Dualität zu der Überzeugung gelangen, dass ein Leben im dauerhaften Wohlbefinden deiner wahren Komfortzone schlicht gar nicht möglich ist!

Dies ist natürlich ein großer Irrtum, aber ein recht weit verbreiteter, und zwar eben aufgrund der noch weiter verbreiteten Verwechslung von Polarität und Dualität…

Das Fehlen der einfachen, aber entscheidenden Unterscheidung zwischen diesen beiden Konzepten ist der Grund, warum viele Menschen immer noch Überzeugungen haben, wie beispielsweise: „Man kann das Gute nicht ohne das Schlechte haben", „Um seine Träume zu verwirklichen, muss man hart arbeiten", „Der Preis für den Erfolg sind Schweiß und Tränen" oder „Wer hoch hinaus will, fällt tief", um nur einige wenige zu nennen. Machen wir uns den Unterschied zwischen Dualität und Polarität bewusst, wird schnell klar, dass solche Glaubenssätze natürlich nicht mehr sind als willkürlich aufgestellte und absolut nicht allgemeingültige Spielregeln. Die Welt dessen, der sie anwendet, beeinflussen sie aber massiv negativ!

Ein interessantes Beispiel für das verquere Konstrukt an Glaubenssätzen, das von der Verwechslung von Dualität und Polarität hervorgerufen werden kann, ist der antike griechische Mythos von König Polykrates von Samos. Der Legende nach war Polykrates ein sehr glücklicher und mächtiger Mann, der alles hatte, was er sich in seinem Leben je gewünscht hatte. Aber in all seiner Glückseligkeit befürchtete er, die Eifersucht der Götter auf sich zu ziehen. Er glaubte, die Götter würden ihn für ein „allzu glückliches Leben" bestrafen, das einem Menschen nicht zustehe. Daher beschloss er, ein für ihn schweres Opfer zu bringen, um den (vermeintlichen) Neid der Götter zu besänftigen: Er nahm sein liebstes Schmuckstück, einen kostbaren Ring, und warf ihn als Geschenk für die Götter ins Meer. Am nächsten Tag kamen die königlichen Fischer und brachten den Tagesfang. Der Koch des Königs bereitete ihm aus den Fischen ein großartiges Mahl zu, und während Polykrates es genoss - fand er in einem der Fische seinen Ring wieder! Überzeugt, dass die Götter sein Opfer abgelehnt hatten und ihn bald für sein (allzu) großes Glück schwer bestrafen würden, stürzte er sich von einer Klippe in den Tod.

Was für eine bedauernswerte Entscheidung des armen Polykrates, ganz offensichtlich begründet auf der fatalen Verwechslung von Polarität und Dualität! Statt sich über sein großes Glück zu freuen und den Ring dankbar anzunehmen, der auf kuriose Weise zu ihm zurückgekehrt war, ließ sich Polykrates von seinen Glaubenssätzen über das scheinbar unausweichliche Wechselspiel von Glück und Unglück und die angebliche Notwendigkeit dualer Erfahrungen beherrschen - und wählte die drastischste Konsequenz!

Um dir noch deutlicher zu zeigen, warum das Verständnis dieses Themas so wichtig ist und welchen praktischen Einfluss es auf dein Leben hat, möchte ich dir ein weiteres, vielleicht alltäglicheres Beispiel geben. Ziemlich große Verwirrung in Bezug auf unser Thema spiegelt sich nämlich auch in dem bekannten Song *Let Her Go* der Band *Passenger* wider. Du kennst ihn vielleicht. Er reiht viele Aussagen aneinander, die alle einzig und allein auf einer Verwechslung von Polarität und Dualität beruhen. Die seltsamste und repräsentativste Textzeile des Liedes ist dabei wohl die folgende: „You only know you've been high when you're feeling low", also etwa: „Du weißt nur, dass es dir gut ging, wenn du deprimiert bist". Denke einmal in Ruhe über diese Zeile nach. Weißt du wirklich nur dann, dass du dich einmal gut gefühlt hast, wenn du schlecht drauf bist? Andere Textzeilen sind beispielsweise „You only need the light when it's burning low", also „Du brauchst das Licht nur, wenn es schwächer wird" und „You only know you love her when you let her go", also „Du weißt nur, dass du sie liebst, wenn du sie gehen lässt". Auch hier möchte ich dich wieder fragen: Schätzt du das Licht in deinem Leben (sowohl das physische als auch das mehr transzendente/metaphysische) wirklich nur dann, wenn es allzu schwach brennt? Und liebst du deinen Partner, deine Partnerin wirklich nur dann, wenn er oder sie nicht bei dir ist? Oder, um es kurz zu machen: Kannst du tatsächlich nur dann positive Gefühle erleben und genießen, wenn du durch deren Gegenteil geradezu darauf gestoßen wirst?!

Sollte deine Antwort auf eine dieser Fragen tatsächlich „ja" lauten, dann lade ich dich nachdrücklich dazu ein, mehr Achtsamkeit in deinem Leben zu praktizieren… Aber nein, jetzt mal Scherz beiseite: Die meisten von uns, und besonders du lieber Leser, liebe Leserin, der/die du ein Buch wie dieses hier liest, sind doch absolut und ohne Frage dazu in der Lage, positive Gefühle zu erleben und zu genießen, *ohne* dass sie durch kontrastierende (duale) Erfahrungen erst auf diese Möglichkeit aufmerksam gemacht werden müssen! Du bist schließlich kein Stück Holzwolle, sondern ein großartiges, göttliches Wesen!

Dennoch wird die in diesem Lied geschilderte Sicht auf die Wirklichkeit heutzutage immer noch oft einfach so unhinterfragt als Wahrheit angenommen. Und die Folgen eines solchen Weltbilds, das Dualität und Polarität gleichsetzt und duale Erfahrungen damit zur Notwendigkeit erklärt, sind bei genauer Betrachtung ziemlich weitreichend… Denn damit begrenzt man sein Glück ungemein und wird tatsächlich immer wieder Situationen erleben, die das Gegenteil von dem sind, was einem Wohlgefühl und Freude bereitet. Es lohnt sich also, gründlich darüber nachzudenken, ob das wirklich eine nützliche „Wahrheit" (oder Spielregel) ist, aus der heraus du deine Welt erschaffen möchtest… Ich persönlich würde sagen: ist es definitiv nicht! Und schon gar nicht im Bezug auf dein Vorhaben, die große Kraft deiner wahren Komfortzone in deinem Leben zur Entfaltung zu bringen!

Armin Risi beschreibt den wichtigen Unterschied zwischen Dualität und Polarität und die entscheidende Rolle, die wir bei seiner Wahrnehmung spielen, aus einem anderen Blickwinkel, aber mit den gleichen Konsequenzen folgendermaßen:

> „Das Gute steht in Resonanz mit Gottes Willen, wohingegen das Böse sich selbst davon abtrennt und abspaltet, so wie die symbolische Dunkelheit vom Licht. (...) Das Gute definiert sich nicht durch sein Gegenteil, sondern durch seine Entsprechung mit der göttlichen Ordnung. Mit anderen Worten: Das Gute kann aus sich selbst heraus existieren, das Böse hingegen ist eine Verneinung der göttlichen Ordnung. Nicht das Licht erzeugt die Dunkelheit, sondern die Kräfte, die sich aus eigener Initiative vom Licht (und damit auch von der göttlichen Liebe) trennen."

Höre also auf, dich von der natürlichen göttlichen Liebe abzutrennen und fange an, dein Leben im Licht deiner wahren Komfortzone zu leben! Und solltest du zwischendurch einmal zweifeln an der Möglichkeit und tatsächlichen Wirklichkeit eines solchen Lebens, dann erinnere dich an folgendes: Licht wirft keinen Schatten! Leuchte einmal mit einer Lichtquelle (beispielsweise einer Taschenlampe) auf eine brennende Kerze. Du wirst feststellen, dass nur die Kerze einen Schatten wirft, die Kerzenflamme aber nicht! Dies ist ein eindrucksvolles und wunderbares Sinnbild für die Natürlichkeit und eigentliche Allgegenwart deines göttlichen

Selbst, die ihren Ausdruck in deiner wahren Komfortzone findet. Oder wie weiter oben bereits einmal gesagt: Ein Leben in der großen Kraft deiner Komfortzone ist nicht nur möglich, sondern dein natürlicher Zustand und dein Geburtsrecht!

Lass uns diese Erkenntnisse in der Praxis anwenden! Dazu möchte ich dich noch einmal an die *Emotional Guidance Scale* nach Abraham Hicks aus Kapitel 4 erinnern und die dort ausgesprochene Einladung wiederholen, von nun an ein bewusster Genießer/ eine bewusste Genießerin angenehmer Gefühle zu werden. Denn wie du weißt, gilt ja: Licht wirft keinen Schatten. Und das heißt in diesem Fall, dass du dich im Grunde tatsächlich *immer* gut fühlen kannst! Die Wahrheit und das „Geheimnis" dahinter lauten: **Es darf und kann ALLES Genuss sein!**

Was meine ich damit? Ganz einfach: Polarität ist ein natürliches und nützliches Phänomen, mit dem du die Macht über deine Gefühlsskala und damit deine Schwingung immer in deiner Hand behalten kannst - wenn du sie nicht mit Dualität verwechselst. Und der Schlüssel dazu liegt natürlich wiederum, genau, in deiner Komfortzone! Frage dich in jeder Situation immer wieder: **„Was fühlt sich jetzt gerade gut und stimmig an?"**, „Wo ist hier jetzt gerade meine wahre Komfortzone?" Und da gehst du hin! „Was braucht mein System jetzt gerade?" Und das gibst du ihm! Denn du selbst bist in jedem Augenblick der Schöpfer, die Schöpferin deiner Schwingung.

Ein Beispiel: Es gibt Momente oder sogar ganze Tage, an denen du einfach müde und nicht wirklich fähig bist, besonders produktiv zu sein (kennst du vielleicht…). Wenn du in solchen Momenten nun so etwas denkst wie: „Na toll! Ich wusste ja, dass ich irgendwann versagen würde, es konnte ja nicht immer so weitergehen, dass ich motiviert und voller Energie bin. Aber naja: Das Leben ist halt ein auf und ab, da muss ich jetzt eben durch… usw.“, dann begibst du dich damit an einen recht unwirtlichen Ort: Du bist dann nämlich dem Dualitäts-Missverständnis anheimgefallen, hast deine Macht daran abgegeben, dich aufgrund dessen selbst verurteilt und wirst dich dadurch höchstwahrscheinlich miserabel fühlen - und dir letztlich selbst sogar noch viel mehr Energie entziehen. Hebst du jedoch die Verwechslung auf und erinnerst dich, dass Dualität im Grunde eine Illusion ist, während Polarität ein nützliches und natürliches Phänomen ist, erkennst du, wie heilsam die vorliegende Situation eigentlich ist! In unserem Beispiel würde es sich dann nämlich schlicht um die natürliche Polarität zwischen Aktivität und Ruhe (Tag und Nacht) handeln. Und auf dieser Grundlage bist du plötzlich wieder in der Lage, die Situation aktiv zu gestalten und das Ganze aus der liebevollen Präsenz deines wahren göttlichen Selbst heraus zu betrachten, welches weiß: Die Wahrheit liegt immer in deiner Komfortzone! Dann fragst du dich entsprechend: **„Was braucht mein System denn jetzt gerade, um sich wieder gut zu fühlen? Was stimmt denn jetzt gerade für mich?“** Und dann lausche ganz offen und unvoreingenommen auf die Antwort. Sie wird definitiv kommen. In unserem Beispiel könnte die Antwort etwa lauten: „Ruhe, Rast, Entspannung.“ Und anstatt dich dann weiter in die entgegengesetzte Richtung zu zwingen etwa, indem du glaubst, unbedingt aktiv bleiben und zum Beispiel die Unterlagen für die Steuererklärung noch heute zusammensuchen zu müssen oder Ähnliches - begibst du dich lieber dankbar in deine momentane Komfortzone! Du vertagst die Steuererklärung auf morgen und machst es dir stattdessen mit einem guten Buch oder Film auf der Couch gemütlich, in dem Wissen, dass das natürliche, *polare* Gleichgewicht von Ruhe und Aktivität in idealer Weise für dein Wohlbefinden sorgt! Und zugleich auch noch deine Effektivität gewährleistet. Denn die Vorbereitung der Steuererklärung wird dir am nächsten Tag, ausgeruht, mit frischer Energie und guter Musik sicherlich zehnmal leichter und besser von der Hand gehen.

Dies mag ein recht banal wirkendes Beispiel sein, aber es veranschaulicht die tatsächlich in jeder Situation richtige Vorgehensweise, die dich immer zum Erfolg führen wird: Achtsamkeit in Bezug auf deine wahre Komfortzone, kombiniert mit einem klaren Bewusstsein für das natürliche Phänomen der Polarität (= nicht Dualität!), ist der Schlüssel zu einem gelingenden Leben im Einklang mit dir selbst.

Du hast also nun verstanden, dass Polarität und Dualität keineswegs dasselbe sind, dass Polarität ein nützliches und konstruktives, natürliches Phänomen ist, während Dualität lediglich ein menschengemachtes Konstrukt ist, das jederzeit veränderlich und überwindbar ist. Hervorragend! Denn damit kannst du jetzt eine neue Denkweise für dich freischalten. Eine, die sehr förderlich für dein allgemeines Wohlbefinden sein wird! Die Implikationen, die sich aus den wichtigen Erkenntnissen dieses Kapitels ergeben, können deine Welt grundlegend verändern - und den Weg in deine wahre Komfortzone endgültig freimachen!

Zum Abschluss dieses Kapitels möchte ich dir noch eine kleine Übung mit auf den Weg geben, mit der du einfach überprüfen kannst, ob dich in einer Situation etwaige selbst gesetzte „Spielregeln" im Bezug auf Dualität und Polarität davon abhalten, ein Leben in der großen Kraft und Freude deiner wahren Komfortzone zu führen.

Übung: Dein Geburtsrecht annehmen!

Hast du das Gefühl, unbewusste Glaubenssätze, entstanden aus der fehlenden Unterscheidung zwischen Polarität und Dualität könnten dich eventuell daran hindern, in einem oder mehreren Bereichen deines Lebens deine wahre Komfortzone zu betreten und dein Leben aus ihrer großen Kraft heraus zu leben? Könnten diese Glaubenssätze vielleicht dazu geführt haben, dass du glaubst, ein Leben in deiner Komfortzone sei gar nicht möglich oder du hättest ihre große Freude und Leichtigkeit nicht verdient? Wenn du denkst, das könnte der Fall sein, dann stelle dir die folgenden Fragen im Bezug auf jeden Impuls, jede Situation oder Vision, die dir dazu gerade in den Sinn kommt:

- Habe ich das Recht, …?
- Habe ich die Macht, …?
- Habe ich den Wunsch, …?
- Habe ich den Willen, …?

Ergänze nach dem Komma jeweils das, was du tun, erleben, fühlen oder erschaffen möchtest. Dann beantworte alle Fragen ganz spontan und ohne zu zögern. Wenn du eine oder mehrere dieser Fragen mit „Nein“ beantwortet hast, dann erforsche den Grund hierfür: Welcher

Glaubenssatz, welche Spielregel liegt dem zugrunde? Ändere dann gegebenenfalls den Glaubenssatz, indem du ihn bewusst umprogrammierst und ihn in sein Gegenteil umwandelst und dieses laut aussprichst, aufschreibst und immer wieder klar und mit bewusstem Fokus daran denkst (wie in Kapitel 3 beschrieben).

Wow! Du hast deine wahre Komfortzone und ihre große Kraft nun schon ziemlich gut kennengelernt, hast angefangen, sie zu pflegen, zu stärken und immer mehr in deinem Leben zur Entfaltung zu bringen. Du hast die Welt in deinem Inneren nun für dich erschlossen und die so wichtige und fruchtbare Beziehung zu ihr wird dein Leben nach und nach in seine beste Version verwandeln. Aber was ist mit deiner Beziehung zu der Welt da draußen? Was mag dich erwarten, wenn du nun die ersten zarten Schritte in deiner wahren Komfortzone machst und damit hinaus gehst in die Welt, in deinen Alltag? Damit wollen wir uns im nächsten Kapitel befassen.

Kapitel 9

Ich und die anderen. Wie du deinen Weg gehst und warum das wichtig ist

„Ändern Sie sich unter keinen Umständen. Wenn Sie etwas tun, was Ihrer Seele eindeutig widerstrebt, wird alles zu Bruch gehen. Und umgekehrt: Wenn Sie nach Ihrem eigenen Credo leben, wird am Ende alles gut werden."
Vadim Zeland

Du bist nun bereit! Du kannst dein Leben nun aus der großen Kraft deiner wahren Komfortzone heraus leben und gestalten! Kannst losziehen damit, raus in die Welt, *deine* Welt! Und doch ist diese Welt zugleich auch die Welt der anderen. Anderer Menschen, anderer Schöpfer, die dir auf deinem Weg begegnen werden und deren Erfahrungsräume sich in irgendeiner Form mit den deinen treffen werden, manche vielleicht nur wenige Sekunden, manche länger. Manche werden vollkommen kompatibel mit dir sein und in einer fruchtbaren Dynamik deine eigenen Schöpfungen sogar noch großartiger machen. Viele werden aber auch überhaupt nicht kompatibel mit deiner individuellen Schöpfung der Wirklichkeit sein, werden ihr vielleicht diametral entgegengesetzt erscheinen und sie nicht unbedingt nähren. Es kann durchaus sein, dass dich manches, was du in der Welt da draußen vorfindest, zunächst verunsichert. Aber das ist kein Beinbruch und schon gar kein Grund, dich in irgendeiner Weise von deinem Weg abbringen zu lassen. Warum das so ist, und wie du mit diesem Thema umgehen kannst, das wollen wir uns in diesem Kapitel ansehen.

Gleich zu Beginn beherzige und verinnerliche bitte folgenden wichtigen Grundsatz: **Deine wahre Komfortzone lügt niemals!** Auch nicht im Bezug auf Ideen und Weltanschauungen. Was für dich stimmig ist, kann für jemand anderen vollkommen unstimmig sein. So what?! Falls dein Verstand damit ein Problem hat und sich von den Ansichten anderer leicht verunsichern lässt, mache ihm klar, dass jede Weltanschauung nicht mehr ist als eben genau das: eine Art, die Welt anzuschauen! So ist zum Beispiel ganz grundlegend auch die Definition dessen, was es heißt, „Mensch zu sein" und wie „das Leben ist", einfach nur eine Erzählperspektive, ein Narrativ, das man dir (und anderen) einprogrammiert hat. Und dieses Narrativ ist jederzeit veränderbar!

Jeder darf in seiner Komfortzone leben - oder eben nicht

Falls du wie ich bist – und das muss überhaupt nicht der Fall sein, da nicht alle Menschen das Problem haben, welches wir uns im Folgenden anschauen werden (falls du dich also nicht angesprochen fühlst: betrachte es einfach als interessante Inspiration und sage dir

„Puh zum Glück hab ich *das* Thema nicht!“) – falls du also wie ich sein solltest und es dich deshalb sehr schnell in tiefe Sinn-Krisen stürzen kann, wenn dir Menschen begegnen, die…

1. …(scheinbar oder tatsächlich) eine radikal andere Komfortzone haben als du, oder
2. …deine Komfortzone als falsch, unwichtig, naiv usw. abstempeln, oder
3. …sich ihrer eigenen Komfortzone überhaupt nicht bewusst sind und deshalb in einer Weise handeln, die ihnen selbst und anderen schadet, oder
4. … alles oben Genannte zusammen…

…dann kann ich dir als erstes sagen: Du bist nicht allein! Ich weiß, wie schrecklich es sein kann, sich so leicht durch die anderen da draußen verunsichern zu lassen und an sich selbst und der eigenen Sicht auf die Wirklichkeit plötzlich zu zweifeln. Es gab Tage in meinem Leben, da habe ich nur noch kopfschüttelnd und resigniert um mich geblickt und gedacht: Ich bin umgeben von absolut seltsamen, absurd handelnden Wesen, die so fundamental anders sind als ich, wie es nur irgend möglich ist! Dies wurde mit der Zeit besser, auch weil ich mehr und mehr verstanden habe, was ich dir in diesem Kapitel weitergeben werde. Aber auch heute fühle ich mich durchaus noch manchmal als Alien auf diesem Planeten.

Falls du dich da also wiedererkennst, kann ich dich beruhigen: Es ist kein Wunder, dass man sich „anders“ fühlt, wenn man angefangen hat, auch nur ein klein wenig auf sich und seine wahre Komfortzone zu achten und eine Verbindung mit der Stimme seines Herzens und seiner inneren Weisheit aufzubauen! Denn hey: Das tun heutzutage noch immer die wenigsten – ein Grund mehr, warum ich dieses Buch geschrieben habe! Und das bedeutet wiederum, dass du wunderbare/r Komfortzonen-Magier/in *tatsächlich* noch immer eher eine Rarität hier auf der Erde bist und dir das nicht bloß einbildest. Aber lass dir gesagt sein: Das macht dein Sein auf diesem Planeten umso wertvoller!

Hinzu kommt außerdem: Wir leben auf einem Planeten der absoluten Diversität! Das heißt, hier ist alles, ja wirklich *alles* möglich. Seelen können auf diesem Spielplatz so ziemlich alles ausprobieren, was man sich vorstellen kann… Und deshalb ist es absolut möglich, dass die individuellen Erfahrungsräume hier auf der Erde so diametral entgegengesetzt zueinander sind, dass man meinen könnte, sie lägen eigentlich auf unterschiedlichen Planeten. Der Clou ist aber: Keiner dieser unterschiedlichen Erfahrungsräume ist deshalb legitimer, richtiger, oder gar wahrer (oder unwahrer) als ein anderer! Und was noch wichtiger ist: *Keiner* dieser Erfahrungsräume ist eine Art Allgemeinplatz oder so etwas wie ein „Pflichtprogramm“ oder dergleichen, das hier auf Planet Erde zu „absolvieren“ wäre! Das heißt: **Nichts, absolut gar nichts von all dem, was andere**

Menschen auf diesem Spielplatz Erde spielen, musst du zwangsläufig mitspielen! Lass diese Aussagen ruhig mal ein wenig sacken.

Diese beiden Erkenntnisse (1. Die Mehrheit der Menschen hat noch keinen blassen Schimmer von ihrer Komfortzone, 2. Die Erde ist ein maximal potenzierter Diversitätsspielplatz, und das ist ok) sind sehr hilfreiche Rettungsboote, die ich dir ans Herz legen möchte, falls du mal wieder tief verunsichert sein solltest und in der Selbstablehnung oder sonst einem unwirtlichen Platz deiner Gefühlswelt festzustecken scheinst. Ich erinnere mich in solchen Situationen selbst immer wieder an die beiden oben genannten Punkte. Und das empfehle ich dir auch!

Lass mich dir hierzu wieder eine Geschichte aus meinem eigenen Leben erzählen, die diese Zusammenhänge verdeutlicht (und das obwohl ich mir ihrer damals noch gar nicht bewusst war): In der 8. Klasse Gymnasium mussten wir ein Fach wählen, das im nächsten Schuljahr dazukommen würde. Die Wahl bestand an meiner Schule zwischen Chemie, Französisch und Altgriechisch, also dem naturwissenschaftlichen, dem neusprachlichen und dem humanistischen Zweig. Dass ich kein Mathe-Genie war, wusste ich zweifelsfrei, Chemie schied daher von vornherein aus. Ich musste also die für mich beste Entscheidung zwischen Französisch und Altgriechisch treffen, und dabei gab es eine riesige Fülle an Einflüssen, von denen ich mich hätte verunsichern lassen können. Schließlich wählte die überwältigende Mehrheit meiner Klassenkameraden Französisch, da man damit ja „später mal was anfangen" könnte. In meinem privaten Umfeld gab es außerdem niemanden, der jemals Altgriechisch gelernt oder auch nur darüber nachgedacht hatte, ob das vielleicht auch Teil seiner wahren Komfortzone war. Ich hätte mir also Fragen stellen können, wie: „Wenn ich Altgriechisch wähle, was denken die anderen dann wohl von mir?", „Erklären die mich für verrückt?", „Warum machen die das denn alle nicht? Ist es vielleicht eine dumme Idee?" Und vermutlich ist dir vollkommen klar, wohin mich all diese Fragen letztlich geführt hätten, wenn ich ihnen ernsthaft Platz in meinem Kopf eingeräumt hätte. Richtig: Ganz sicher nicht in meine wahre Komfortzone! Denn diese lag, das spürte ich bei genauerer Beschäftigung mit den Wahlmöglichkeiten, eindeutig im humanistischen Zweig! Und so ignorierte ich also die „Wahrheiten" der anderen, folgte meinem Herzen und entschied mich für Altgriechisch als zusätzliches Fach ab der 9. Klasse. Und siehe da: Es sollte mein mit Abstand liebstes und bestes Schulfach werden, in dem ich fast ausschließlich Bestnoten schrieb und das ich nach meiner Schulzeit schlussendlich sogar im Nebenfach studierte!

Wenn du dich also das nächste Mal von der „Wahrheit" anderer beeinflusst und verunsichert fühlst, mache dir klar, dass tatsächlich *absolut nichts* daran, wie ein anderer seine Welt wahr-nimmt (im Wortsinne) und sie gestaltet, mehr Wert oder gar Wahrheitsgehalt hat als, wie du die deine wahr-nimmst und gestaltest! Beides darf (und kann! Ja das ist tatsächlich möglich!) vollkommen frei nebeneinander existieren. Oder anders ausgedrückt: **Jeder darf in seiner wahren Komfortzone leben - oder eben nicht.** Und es ist weder deine Aufgabe, den anderen von deiner „Wahrheit“ und Komfortzone zu überzeugen, noch musst du auch nur ansatzweise verstehen, warum ein anderer die „Wahrheit“ hat, die er oder sie eben hat, oder auch warum er oder sie beispielsweise seine Komfortzone partout nicht betritt, obwohl sie ihm von außen betrachtet doch geradezu ins Gesicht schreit - glaube mir: Ich habe manches Mal schon viel Energie verschwendet beim Versuch, das zu verstehen… Und am allerwenigsten solltest du anfangen, aufgrund dieser anderen Welt-Anschauungen (also der Art, wie andere die Welt anschauen) gar an deiner eigenen zu zweifeln! **Lass die „Wahrheit“ der anderen einfach los und dort stehen und geh weiter, dem Weg deines Herzens und deiner wahren Komfortzone nach!**

Und wenn du magst, dann staune anerkennend darüber, wie großartig doch dieser Spielplatz „Erde“ ist, wo es möglich ist, so viele grundlegend unterschiedliche Erfahrungsräume nebeneinander zu kreieren! Und welch großartige Entscheidung es doch war, dich auf einem so komplexen, mit so großer Potenzialität ausgestatteten Planeten zu inkarnieren, um die Erfahrung eines strahlenden Lebens in der vollen Kraft deiner wahren Komfortzone zu machen!

Wegen seiner Nützlichkeit möchte ich an dieser Stelle noch einmal das in den Anfangskapiteln bereits eingeführte hawaiianische Prinzip *Kala* erwähnen. Du erinnerst dich: Sei im Alltag achtsam, ob du dir selbst oder anderen selbsterschaffene Grenzen („Spielregeln") setzt und achte darauf, welches Spiel du hier eigentlich gerade spielst! Ist es das Spiel, das du wirklich spielen möchtest? Das, welches dich in deiner wahren Komfortzone sein lässt? Das hawaiianische Wort *Kala,* welches diese Zusammenhänge beschreibt, bedeutet zum einen „Freiheit", interessanterweise aber auch „Vergebung": Die hawaiianische Sprache ist faszinierend genau und in ihrer Vielschichtigkeit äußerst weise und aufschlussreich. Denn es besteht tatsächlich ein unmittelbarer Zusammenhang zwischen Freiheit/Befreiung und Vergebung! Wenn du jemandem (und besonders dir selbst) vergibst, befreist du dich damit von der Last der Disharmonie, die dir Energie entzieht. Wenn du also feststellst, dass du - im übertragenen Sinne - wieder einmal die Fußballregeln angewendet hast (vielleicht weil viele andere um dich herum gerade Fußball spielen), obwohl du doch eigentlich endlich und von ganzem Herzen Tennis spielen wolltest, so erinnere dich an *Kala* und seine beiden Bedeutungen: Vergib dir für den Irrtum, befreie dich dankbar daraus und sei dir dann deiner Wahlfreiheit bewusst, in jedem Augenblick neue Regeln und damit ein neues Spielfeld zu wählen.

Denn *du* bestimmst, welches Spiel du spielen möchtest! Das gleiche gilt für deine Beziehung zu anderen Menschen. Wenn du irritiert bist von ihrem in deinen Augen seltsam erscheinenden (oder manchmal vielleicht sogar verletzenden) Verhalten, dann erinnere dich an *Kala* und frage dich: „Wem schadet es am meisten, wenn ich an dieser Irritation zu lange festhalte?“ Die Antwort ist: Natürlich dir selbst! Befreie dich also von dieser Last! Denn wenn du etwas ver-gibst, also eine Last abgibst, die dich im wahrsten Sinne des Wortes belastet hat, dann hast du im übertragenen Sinne wieder die Hände frei, hast wieder mehr Energie und neue Kraft! Und wenn du dieses Tor der Befreiung durchschritten hast, was folgt dann? Das große Wohlgefühl, das dein Urzustand ist! Indem du dich versöhnst mit einer Situation, einem anderen Menschen, der Welt um dich herum und, am allerwichtigsten, dir selbst, stellst du den tiefen Frieden und die große Freude deines wahren Seins wieder her - und erlaubst dir, schneller wieder zurückzukehren in *deine* wahre Komfortzone!

Sooft du also bemerkst, dass du dich vielleicht gerade von der Welt um dich herum ein wenig von deinem Weg hast abbringen lassen, entspanne dich, hinein in das Bewusstsein deiner wahren Komfortzone und in das Gefühl, das du fühlst, wenn du dich dort befindest, und das dir anzeigt: Du bist angekommen bei dir und auf dem Weg deines ureigenen Seelenplans!

Als hilfreiches Werkzeug für den Alltag, um dieses Gefühl immer „zur Hand" zu haben, kannst du folgende Übung durchführen:

Übung: Deine Komfortzone für die Hosentasche

Erinnerst du dich an die innere Reise zur magischen Insel deiner Komfortzone? Dort hast du von deinem inneren Schamanen/ deiner inneren Schamanin ein Geschenk erhalten, in das die Essenz deiner wahren Komfortzone einfloss. Vielleicht hat sich dieses Geschenk mittlerweile sogar bereits in der äußeren Welt für dich materialisiert, etwa indem etwas Ähnliches zu dir gefunden hat. Egal ob das so ist oder nicht: Ich lade dich ein, jetzt einmal die Augen zu schließen und dich ganz deutlich an das essenzielle Gefühl deiner wahren Komfortzone zu erinnern. Es in allen Details zu fühlen. Wie fühlt es sich an, dort zu sein? Wie fühlt es sich an, DU zu sein? Wenn es dir hilft, dann besuche dafür nochmals die Schamaneninsel Bali Hai.

Wenn du das Gefühl deutlich präsent hast, dann mache dir bewusst, wo in deinem Körper du es am intensivsten fühlen kannst. Lokalisiere eine Stelle und lege dorthin deine rechte oder linke Hand, ganz wie du möchtest. Habe dann die klare Intention, dass diese Handposition an dieser Stelle deines Körpers von nun an fest verbunden (quasi programmiert) sein möge mit dem essenziellen Gefühl deiner wahren Komfortzone und dass du es immer direkt abrufen können wirst, wenn du deine Hand auf diese Stelle legst. Genieße noch eine Weile das Gefühl und wenn du soweit bist, öffne die Augen wieder. Von nun an wirst du in der Lage sein, das essenzielle Gefühl deiner wahren Komfortzone jederzeit in dir hervorzurufen, indem du einfach deine Hand an die programmierte Stelle legst!

Das Gleiche funktioniert auch mit einem Objekt: Wenn du magst, lasse einen Gegenstand (vielleicht einen schönen Stein, ein Schmuckstück oder was auch immer) in der materiellen Welt zu dir kommen, der dir passend dafür erscheint. Wenn es der Gegenstand ist, den du bereits in deiner inneren Reise nach Bali Hai gesehen hast, umso besser, aber das ist gar nicht unbedingt nötig. Wiederhole dann die oben beschriebenen Schritte, nur dass du deine Hand anstatt auf eine Körperstelle diesmal auf den Gegenstand legst, mit der Intention, ihn auf das Gefühl deiner wahren Komfortzone zu programmieren. Voilà: Deine Komfortzone für die Hosentasche!

Ich persönlich finde die Variante mit dem Gegenstand sogar noch praktischer als die mit der Körperstelle, aber beide funktionieren gleichermaßen und sind wunderbare Helfer. Experimentiere ein wenig damit herum und finde den für dich praktikabelsten Weg! Auch Musik kann dabei übrigens sehr gut helfen: Du kannst zusätzlich einen Song mit der Energie/ dem Gefühl deiner Komfortzone aufladen und ihn zur Unterstützung hören, wenn du möchtest! Welches Werkzeug du auch immer verwendest: Es ist sehr hilfreich und heilsam, das Gefühl deiner Seelenessenz, deiner wahren Komfortzone immer bei dir zu tragen und dich jederzeit, sozusagen auf Knopfdruck, daran erinnern zu können. Probiere es aus!

Bewahre deine Schwingungsautonomie

Wie wir gesehen haben, ist es wichtig, dir zu jeder Zeit bewusst zu bleiben, dass die Welt der anderen keineswegs auch die deine sein muss und du deiner eigenen Wahrnehmung und Wahrheit bedingungslos vertrauen darfst (sofern sie deiner wahren Komfortzone dienen!). Der Erfolg hierbei ist aber nicht nur eine Sache deiner inneren Einstellung, sondern auch deiner äußeren Achtsamkeit und deiner Verhaltensweisen. Was wir im

Kontext dieses Kapitels deshalb als nächstes besprechen wollen, ist ein Konzept, das ich als „Schwingungsautonomie" bezeichnen möchte. Was bedeutet das?

Ganz einfach: Du selbst bist in jedem Augenblick dafür verantwortlich, wie hoch du schwingst, das heißt welche Gedanken und Gefühle du hast, welche Energien du aussendest, aber auch von außen aufnimmst, auf welchem Weg du damit voranschreitest und welche Welt du dir entsprechend erschaffst. Du hast also die Verantwortung dafür, deine energetische und schöpferische Autonomie jederzeit zu bewahren! Und das tust du unter anderem, indem du ganz bewusst auswählst, welchen Energiefeldern und Umgebungen du dich aussetzt! Denn deine äußere Welt *kann* deine innere Welt ebenso (wenn auch in geringerem Maße) beeinflussen, wie umgekehrt. Aber selbstverständlich nur, wenn du dies zulässt! Denn die Macht liegt immer in deiner Hand.

Sicher hast du schon einmal erlebt, dass du in einen Korb voll mit frischem Obst einen Apfel mit einer kleinen fauligen Stelle gelegt hast. Am nächsten oder übernächsten Tag haben daraufhin höchstwahrscheinlich auch die frischen Äpfel in unmittelbarer Umgebung des fauligen Apfels angefangen zu faulen. Das Phänomen, um das es uns hier geht und das die Bewahrung deiner Schwingungsautonomie so wichtig macht, ist im übertragenen Sinne vergleichbar: Wir neigen bisweilen dazu, uns der „fauligen" Schwingung unserer Umgebung anzupassen, wenn wir nicht achtsam sind. Jedoch hast du zum Glück erheblich mehr Fähigkeiten als ein Apfel und kannst dein eigenes „faulig werden" deshalb natürlich auch ganz bewusst verhindern.

Die Psychologin und Persönlichkeitstrainerin Stefanie Bruns bezeichnet jenes Phänomen, für das der oben genannte Obstkorb ein Sinnbild ist, als **„Energetische Loyalität"**. In ihrem Buch *Neuro-Energetic-Programming*[12] bringt sie dafür folgendes Beispiel, das du vielleicht so oder ähnlich auch aus eigener Erfahrung kennst: Du hast ein Treffen mit einem Bekannten ausgemacht, den du schon länger nicht mehr gesehen hast. Du freust dich auf das Treffen und gehst daher voller positiver Energie und mit einer hohen persönlichen Grundschwingung dorthin. Nach dem Treffen fühlst du dich jedoch vollkommen erschöpft und ausgelaugt und von deiner ursprünglichen hohen Schwingung ist nichts mehr übrig… Dies kann daran liegen, dass dein Bekannter auf einer niedrigeren energetischen Frequenz schwingt und du dich unbewusst auf sein Niveau angepasst hast. Die Gesprächsthemen, die dein Bekannter gewählt hat, und seine generelle „Anschauung der Wirklichkeit" haben dazu geführt, dass du dich davon

[12] *Zum Folgenden siehe Stefanie Bruns: „Neuro-Energetic-Programming. Aktiviere die magische Kraft Deines Gehirns und Körpers", Kapitel 3*

bis zu einem gewissen Grad hast anstecken lassen (Stichwort fauliger Apfel…). Stefanie Bruns erläutert dazu:

> „Das Tückische an Energetischer Loyalität ist, dass sie auch in einem passiven Status funktioniert. Du musst nicht einmal selbst von deinen unschönen Erfahrungen erzählen, Zuhören allein reicht bereits aus. (…) Die Anpassung funktioniert zwar in beide Richtungen, jedoch ist ein Herunterschrauben ins Negative immer einfacher als ein Hochschrauben ins Positive. (…) Damit die umgekehrte Variante überhaupt funktionieren kann, musst du deine Energie erhöhen und lernen, sie zu halten, indem du eine Baseline kreierst, die dich vor dem Fall in tiefe, negative Frequenzen schützt.“[13]

Diese Baseline lässt sich laut Bruns sogar messen und beträgt mindestens 280 Hertz. Nun musst du natürlich nicht ständig mit einem Frequenzmessgerät durch die Gegend laufen. Um dem Effekt der (negativen) „Energetischen Loyalität“ mit deiner Umwelt entgegenzuwirken, brauchst du einfach nur darauf achten, dich sooft wie möglich bewusst an die Essenz und das Gefühl deiner wahren Komfortzone zu erinnern und da-

[13] *Stefanie Bruns: „Neuro-Energetic-Programming“, Kapitel 3*

mit die *Emotional Guidance Scale* so weit es geht nach oben zu erklimmen. Damit hältst du deine eigene Schwingung bewusst auf einem höheren Niveau.

Der amerikanische Schriftsteller und Wissenschaftler Tamlyn Hunt, der unter anderem an der Universität von Santa Barbara, Kalifornien lehrt, führt uns die Wichtigkeit der eigenen Schwingungsautonomie sogar noch deutlicher vor Augen, wenn er mit folgenden Worten beschreibt, wie unterschiedliche Schwingungen einander generell beeinflussen können:

> „Ein interessantes Phänomen tritt auf, wenn verschieden schwingende Dinge/ Prozesse sich nahe kommen: Sie beginnen oft, nach einer Weile, gemeinsam in der gleichen Frequenz zu schwingen. Sie ‚synchronisieren' sich manchmal auf eine Weise, die geheimnisvoll erscheint. Dies wird heute als das Phänomen der *spontanen Selbstorganisation* beschrieben."[14]

Aus der Physik kennen wir außerdem den Begriff der Resonanz, der definiert ist als die „Verstärkung der Schwingung eines Körpers, der der Schwingung etwa

---

[14] *Tamlyn Hunt: „The Hippies were right - It's All about Vibrations, Man! A new theory of consciousness", Quelle: https://blogs.scientificamerican.com/observations/the-hippies-were-right-its-all-about-vibrations-man/. Zitat aus dem Englischen übersetzt von Christoph Hetzenecker.*

der gleichen Frequenz eines anderen Körpers ausgesetzt ist".[15] Dies ist ein Effekt, der selbstverständlich in beide Richtungen funktioniert. Es ist also beispielsweise sowohl möglich, dass Angst vorhandene Angst verstärkt, als auch dass bereits vorhandene Freude durch Freude verstärkt wird. Wie oben bereits erwähnt, neigt der Effekt im Bereich der persönlichen energetischen Schwingung jedoch dazu, eher in die Richtung der niedrigeren Schwingung zu wirken. Dabei gilt aber natürlich wieder: Kein äußerer Einfluss kann deine Schwingungsautonomie tatsächlich stören, wenn du dies nicht zulässt! Ja du bist sogar in der Lage, dein Umfeld positiv zu beeinflussen und nicht nur deine eigene Schwingung hoch zu halten, sondern damit sogar deinen Mitmenschen die Chance zu geben, ihre ebenfalls zu erhöhen - allerdings nur, sofern sie dazu bereit sind und das auch wollen. Denn auch sie wählen freilich ihr eigenes Spiel in jedem Augenblick.

Dass deine Emotionen und Gedanken und damit deine generelle Schwingungsfrequenz durch Phänomene wie energetische Loyalität, spontane Selbstorganisation und Resonanz also durchaus von deiner Umgebung beeinflusst werden können, ist keine schlechte Neuigkeit, sondern einfach nur eine kraftvolle Erkenntnis, die dir zeigt, wie wichtig es ist, *deinen* Weg zu gehen und dabei sehr achtsam zu sein, wohin du deine Aufmerksamkeit und Energie lenkst.

---

[15] *s. Serge Kahili King: „Der Stadtschamane", Kapitel 5*

Um auf dem Weg in deine wahre Komfortzone voranzukommen und dich nicht davon abbringen zu lassen, ist es also nützlich, folgende Maxime immer zu beherzigen: **Bleibe bei DIR! Mache die Probleme und Ansichten der Anderen nicht zu den deinen! Setze klare Grenzen!** Und sei generell sehr wählerisch mit deiner Aufmerksamkeit und Energie, nicht nur in persönlicher Interaktion mit anderen Menschen, sondern in jeglicher Hinsicht!

Dies gilt beispielsweise (und ganz besonders) auch in dem riesigen Informationsraum der sozialen Medien. Mache dazu gerne mal ein Experiment: Beobachte einmal, wo auf Abraham Hicks' *Emotional Guidance Scale* du dich befindest, wenn du eine halbe Stunde in der Natur spazieren gegangen bist, und wo, nachdem du eine halbe Stunde durch zum Beispiel Facebook gescrollt hast… Der Unterschied wird vermutlich gewaltig sein und er zeigt dir, wie wichtig es ist, deine Aufmerksamkeit ganz bewusst als das überaus wertvolle Gut zu behandeln, das sie ist! Ich selbst bin immer sehr überrascht, wenn ich mich wiedermal dabei ertappe, zu viel Zeit in den sozialen Medien verbracht zu haben, und danach meine Schwingung und Gefühlswelt evaluiere - sie ist in 99% der Fälle in einem schlechterem Zustand als bevor ich mein Handy zur Hand genommen habe!

Das Gleiche gilt übrigens auch für destruktive Filme (Gewalt, Horror) oder allzu melancholische Bücher und Musik! Und auch die Nachrichten (Zeitung, Tagesschau) fallen definitiv in diese Kategorie. Es ist wichtig, dir auch hier genau zu überlegen, ob und wieviel davon du konsumieren möchtest, und dich bezüglich der Medien keinerlei Illusionen hinzugeben: Schlechte Nachrichten verkaufen sich leider immer noch um ein Vielfaches besser als gute, und die Medien haben - heute vermutlich mehr denn je - keinerlei Interesse daran, deine Schwingung anzuheben oder dich gar auf dem Weg in deine wahre Komfortzone zu unterstützen. Eher im Gegenteil… Die Gründe dafür darfst du dir selber überlegen, das ist im Rahmen dieses Buches nun ein zu weites Feld.

Um auf dem Weg in deine wahre Komfortzone und generell im Leben erfolgreich zu sein, ist es also auch von entscheidender Bedeutung für dich, dir klar zu machen, welchen Energiefeldern du dich regelmäßig aussetzt. Frage dich immer wieder: **Dient diese Interaktion/ diese Handlung/ diese Lenkung meiner Energie jetzt gerade meiner wahren Komfortzone oder nicht?**

Im Folgende möchte ich dir ein kleine, aber sehr nützliche Übung an die Hand geben, mit der du dich im Alltag immer wieder sozusagen rekalibrieren kannst, wenn du einmal das Gefühl haben solltest, deine Schwingungsautonomie sei ein wenig ins Wanken geraten.

Übung: La'a Kea - Dein magisches Lichtwerkzeug

La'a Kea ist die Bezeichnung für eine nützliche Technik aus der schamanischen Tradition Hawai'is und bedeutet übersetzt soviel wie „heiliges Licht". *La'a Kea* ist wie ein kraftvoller Schild und eine nährende Kraftquelle in einem - sowohl für dich als auch für deine Umwelt. Es unterstützt dich dabei, deine Schwingungsautonomie zu bewahren und deine eigene Schwingung, sowie die deiner Umwelt positiv zu beeinflussen. Bevor ich dir aber zusammenfasse, wie du das Lichtwerkzeug einsetzen kannst (du wirst sehen, es ist so einfach wie kraftvoll), lass mich dich noch darauf hinweisen, dass es entscheidend ist, mit welcher Intention du das tust: Setzt du *La'a Kea* aus Angst und zum Schutz vor dem „Bösen da draußen" ein? Oder im kraftvollen Bewusstsein deines Wohlgefühls und deiner wahren Komfortzone, mit dem Ziel, diese zu nähren und zu stärken und damit sowohl deine Schwingung als auch die deiner Mitwelt bewusst zu erhöhen? Im erstgenannten Fall wird die Technik dir, wenn überhaupt, lediglich kurzfristige Erleichterung bringen und ihre eigentliche heilsame Wirkung verfehlen. Ich rate dir also definitiv dazu, die als zweites beschriebene Intention zu wählen, wenn du die folgende Technik einsetzt:

1. Nimm einen tiefen, entspannenden Atemzug, der dich ganz in deinen Körper und den gegenwärtigen Augenblick bringt. Und dann stell dir ein Licht vor, das dich umgibt und erfüllt. Dieses Licht kann direkt aus deinem Herzraum entspringen, oder auch beispielsweise vom Himmel auf dich herabscheinen. Probiere einfach aus, was sich gerade stimmig für dich anfühlt und am besten funktioniert. Nimm dieses Licht und seine Wirkung sinnlich wahr und verstärke es, wenn du magst, noch zusätzlich mit dem Essenz-Gefühl deiner wahren Komfortzone (siehe Übung weiter oben). Das Licht kann die unterschiedlichsten Farben annehmen und jede Farbe hat eine leicht unterschiedliche Wirkung und ihr jeweiliges Einsatzgebiet. Schau, welche Farbe gerade am nützlichsten ist für den von dir beabsichtigten Einsatzzweck des Lichtes.

2. Wenn du das Licht dann gut wahrnehmen und dich und deine Umgebung damit erfüllen kannst, dann kannst du ihm zusätzlich bewusst Anweisungen geben, wie beispielsweise: „Harmonisiere meine Schwingung!“, „Kläre und reinige mein System!“, „Harmonisiere das mich umgebende Energiefeld!“ und so weiter.

Je nachdem, was du erreichen möchtest, kannst du deine ganz eigenen Anweisungen kreieren und sie dem Licht geben. Es wird ihnen folgen und genau das tun, was du möchtest.

3. Setze das Licht so lange ein und genieße seine Wirkung, bis du spürst, dass deine Schwingungsautonomie wiederhergestellt ist und du dich gut fühlst.

Du kannst *La'a Kea* auch überallhin schicken (Zeit und Raum spielen dabei keine Rolle) und es auf andere Menschen ausdehnen, beispielsweise mit der Anweisung „Harmonisiere die Energien zwischen uns!“[16]

Experimentiere damit und setze *La'a Kea* in deinem Alltag in verschiedenen Situationen ein! Es ist ein sehr nützliches Werkzeug und ein großer Segen, der dir jederzeit zur Verfügung steht, um deine Schwingungsautonomie schnell wiederherzustellen und somit die volle Kraft deiner wahren Komfortzone wieder in dein Leben fließen zu lassen. Nutze es!

---

[16] *s. dazu Serge Kahili King: „Der Stadtschamane“, Kapitel 5*

Die Macht des Fokus als Booster für deine Komfortzone

Wie wir gerade gesehen haben, ist es ratsam, deine Aufmerksamkeit und Energie wie ein sehr seltenes, wertvolles Gut zu behandeln und sie achtsam zu pflegen. Den 1000 Euro teuren Gucci-Anzug würdest du ja auch nicht bei jeder Gelegenheit und völlig unbewusst tragen, sondern bewusst damit umgehen und ihn in gutem Zustand halten, oder?

Die Bedeutung deiner Aufmerksamkeit, worauf du sie richtest oder wovon du sie abziehst, liegt dabei aber nicht nur in ihrem achtsamen Einsatz, damit ein etwaiger negativer Einfluss deiner Umwelt auf dich verhindert und deine Schwingungsautonomie gewahrt wird. Sie kann im umgekehrten Sinne auch ein überaus konstruktives und machtvolles Werkzeug zur bewussten *Erzeugung* deines Wohlgefühls und deiner wahren Komfortzone sein! **Hast du dir schon einmal bewusst gemacht, wie viel Einfluss dein Fokus auf dein Wohlbefinden hat?** Man könnte ihn auch den Schneepflug auf dem Weg in deine Komfortzone nennen!

Das Wort **Fokus** bezeichnet viel mehr als nur die Fähigkeit, dich auf eine bestimmte Aufgabe zu konzentrieren. Fokus ist die lenkende Kraft deines Bewusstseins, die bestimmt, wohin deine Aufmerksamkeit und Energie gerichtet sind. Und genau hier liegt seine transformative Kraft für dein Wohlbefinden! Dein bewusster Fokus, also die achtsame und willentliche Lenkung deiner Aufmerksamkeit und Energie ist eines der machtvollsten Werkzeuge, die du zur Verfügung hast, wenn es darum geht, deine wahre Komfortzone immer mehr zu stärken und auszubauen - oder aber sie zu behindern und zu schwächen. Die gute Nachricht ist, dass die Macht auch hier wieder ganz in deinen Händen liegt. Denn durch die bewusste Ausrichtung deines Fokus kannst du dein Wohlgefühl jederzeit erzeugen, und deine wahre Komfortzone beinahe augenblicklich betreten! Beobachte einmal, wie sich deine ganze innere (und damit zugleich äußere) Welt komplett innerhalb weniger Sekunden verändern kann, wenn du dich bewusst auf etwas fokussiert, das dich nährt. Halte dazu einmal kurz inne und mache folgendes einfaches Experiment:

> Evaluiere auf einer Skala von 1-10 deinen gegenwärtigen Gemütszustand, wobei 1 bedeutet, du fühlst dich absolut schrecklich, und 10 heißt, du bist erfüllt von der höchsten Freude und dem größten Wohlgefühl deines göttlichen Seins. Wenn du also eine Zahl festgelegt hast, dann stelle dir einen Timer auf 1 Minute. Schau dich während dieser Minute einfach nur in deiner Umgebung um und nimm dabei ganz bewusst Dinge wahr, die du wertschätzt, über die du dich freust oder für die du dankbar bist. Wenn die Minute um ist, evaluiere wieder von

1-10, wie du dich fühlst. Das Ergebnis wird dich verblüffen – und das bereits nach einer Minute des bewussten, wertschätzenden Fokus!

Durch eine einfache Fokus-Änderung hast du also in nur einer Minute eine bemerkenswerte Transformation deines Wohlgefühls erlebt! Die Kraft des bewussten Fokus als Katalysator für deine Komfortzone zeigt sich hier in ihrer unmittelbaren Wirkung. Schon in wenigen Augenblicken kannst du eine Veränderung in deiner inneren Welt hervorrufen, indem du deinen Fokus bewusst auf etwas lenkst, das dich nährt und dir Freude bereitet. Die magische Transformation durch bewussten Fokus ist ein Geschenk, das du jederzeit nutzen kannst, um dein Wohlgefühl zu erzeugen und zu steigern, deine Schwingung anzuheben und deine wahre Komfortzone auszubauen und zu stärken.

Die Macht deines Fokus geht aber sogar noch darüber hinaus. Ihr bewusster (oder eben unbewusster) Einsatz kann dafür sorgen, dass zwei Menschen im selben Raum sitzen und dabei ein vollkommen unterschiedliches Erlebnis haben! Ja es kann sogar sein, dass der Weg in deine wahre Komfortzone breit und offen direkt vor dir liegt, du ihn aber aufgrund von falscher Fokus-Lenkung schlicht nicht siehst! Denn die Welt ist so vielfältig und schickt in jedem Augenblick so viele Daten zur Verarbeitung an unser Gehirn, dass wir gar nicht anders können, als sie sehr selektiv (eben mittels Lenkung unseres Fokus) wahrzunehmen. Ein eindrucksvolles Beispiel dafür, wie uns unser Fokus den Weg in unsere wahre Komfortzone entweder eröffnen oder verbauen kann, liefert eine Geschichte, die sich tatsächlich so oder so ähnlich in den 1920er Jahren in New York City zugetragen haben soll:

Eine Telegrafenfirma, die „Western Union Telegraph Company", hatte eine Stelle als Morse-Operator ausgeschrieben. Der Arbeitsmarkt war damals prekär, gute Jobs heiß begehrt und so bewarben sich über 800 Personen auf die Stelle. 300 von ihnen wurden eingeladen und warteten in einer großen Empfangshalle darauf, nach Nummern zum Bewerbungsgespräch aufgerufen zu werden. Die große Mehrheit der Bewerber musste dabei auf dem Boden Platz nehmen, da es zu wenige Stühle gab. Die Stimmung war angespannt, viele hatten das lange Warten und die Unsicherheit satt und zu allem Überfluss war im Hintergrund auch noch ein ständiges Hämmern zu hören, das die Nerven der Anwesenden nicht gerade entspannte. Nach einiger Zeit stand ein Mann aus der wartenden Bewerbermenge plötzlich auf, ging zielstrebig durch einen der Gänge und betrat ohne anzuklopfen ein bestimmtes Büro. Die anderen dachten, er habe wohl die Nerven verloren, habe nicht mehr länger warten wollen und werde sogleich wieder hinauskomplimentiert und aus dem Gebäude geworfen. Nach wenigen Minuten jedoch kam er in Begleitung eines Angestellten zurück, der den übrigen Bewerbern mitteilte, dass die Stelle nun an diesen Mann vergeben sei und sie nach Hause gehen könnten.

Die Menge reagierte natürlich wütend und warf dem Mann vor, sich vorgedrängt zu haben. Es kam fast zu einer Schlägerei, bis der Personalchef einschritt und die Situation erklärte: Das Hämmern im Hintergrund war kein Baulärm gewesen, sondern ein Morsecode! Er wurde über einen Lautsprecher übertragen und transportierte die Botschaft: „Wenn du das hier verstehst, gehe in Gang B, betritt Raum B1-233 ohne anzuklopfen und du bekommst den Job.“ Der Mann, der aufgestanden war, war der einzige gewesen, der den Morsecode wahrgenommen und darauf reagiert hatte - und er hatte das „Bewerbungsgespräch“ damit für sich entschieden!

Der erfolgreiche Bewerber in dieser schönen Geschichte konnte seine berufliche Komfortzone (die in seinem Fall in dem begehrten Job eines Morse-Operators bestand) also nur deshalb erfolgreich betreten, weil er seinen Fokus auf das ausrichtete, was mit dieser Komfortzone zusammenhing und ihr dienlich war! Alles, was nicht in diese Kategorie gehörte und seiner Komfortzone in dem Moment nicht diente (wie die vielen Anwesenden, die fehlenden Stühle, die allgemeine Angespanntheit etc.), blendete er aus und war so in der Lage, das wahrzunehmen, was sonst niemand wahrnahm: das, worauf es ankam!

Ich lade dich also ein: Sieh überall in deiner Welt Chancen, deine wahre Komfortzone zu betreten und in ihr zu leben! Beschäftige dich mit allem, was damit zusammenhängt - und am besten nur damit! Erforsche sie immer tiefer! Richte sie ein wie ein neues Haus und lass sie immer detailreicher werden! Füge alles hinzu, was ihr dient und lass alles weg, was das nicht tut! **Geh deiner wahren Komfortzone also in jedem Bereich deines Lebens ein Stück des Weges entgegen und gib ihr mit deinem bewussten Fokus die Chance, dir ihrerseits ein noch größeres Stück entgegenzukommen!** Denn das wird sie.

Übung: Sieh die Zeichen - Deine Welt zeigt dir den Weg in deine Komfortzone!

Die Geschichte des glücklichen Morse-Operators zeigt uns sehr schön: Unsere Welt sendet uns ständig Zeichen, denen wir auf dem Weg in unsere wahre Komfortzone folgen können! In meiner schamanischen Tradition bedienen wir uns vier verschiedener Ebenen der Wirklichkeit (unterschiedlicher Sichtweisen auf die „eine" Wirklichkeit), auf denen jeweils verschiedenes getan werden kann und die deshalb auf jeweils unterschiedliche Art und Weise nützlich sind. Eine dieser Ebenen heißt „Ike Papakolu" und auf ihr gilt: Alles ist symbolisch! Wie in einem Traum kann ALLES in deiner Welt als Symbol betrachtet werden, welches dir Auskunft über etwas geben kann. Du musst nur Fragen stellen und deinen Fokus entsprechend auf die Antworten ausrichten, die deine Welt dir auf dieser symbolischen Ebene gibt.

Richte deinen Fokus also nun einmal bewusst drei Tage lang auf die Zeichen und Synchronizitäten deiner geistigen Führung aus! Notiere dir täglich (beispielsweise am Abend vor dem Schlafengehen), wo und wie du auf dem Weg in deine wahre Komfortzone heute geführt wurdest und Zeichen erhalten hast. Nach diesen drei Tagen lies deine Aufzeichnungen durch - du wirst staunen, wie akkurat und kraftvoll deine geistige Führung gewesen ist! Lobe dich ruhig dafür, dass du sie so bewusst wahrnehmen konntest. Und mache dir auch bewusst, in welchen Fällen du die Zeichen zwar bemerkt hast, ihnen aber (noch) nicht gefolgt bist. Gehe nach diesen drei Tagen dazu über, weiterhin regelmäßig derartiges wahrzunehmen (also deinen Fokus darauf zu richten) und es dir zu notieren. Und lass dich also von nun an auch von der Welt um dich herum sanft und sicher führen - direkt hinein in die große Kraft deiner wahren Komfortzone!

In diesem Kapitel haben wir uns dem sinnvollen und heilsamen Umgang mit den manchmal vielleicht ein wenig herausfordernden Konsequenzen unserer Eingebundenheit in unsere Mit- und Umwelt gewidmet. Im folgenden Kapitel wollen wir uns nun dem großen *Potenzial* zuwenden, das du selbst aufgrund eben dieser Eingebundenheit für die Welt darstellst, wenn du deine wahre Komfortzone findest und betrittst.

Kapitel 10

Die Revolution des Wohlgefühls. Warum deine Komfortzone ein Geschenk für die Welt ist

„In all unserem Handeln wirkt die Vielzahl von Einflüssen und Impulsen anderer Menschen und unserer Geobiosphäre mit, und nicht nur über die durch unsere Sinne vermittelte Brücke materiell-energetischer Wechselwirkungen, sondern auch direkt über die allen gemeinsame immaterielle potenzielle Verbundenheit. Unser Handeln beeinflusst gleichermaßen auch wieder die gesamte gesellschaftliche Verfasstheit und verändert die sich ständig dynamisch wandelnde Potenzialität der lebendigen Wirklichkeit. So ist die Einzigartigkeit des Einzelnen tragender Bestandteil unseres gemeinschaftlichen kulturellen Evolutionsprozesses."

Potsdamer Manifest

Du hast es wahrscheinlich schon vermutet, und wenn nicht, sage ich es dir jetzt: Die Kraft deiner wahren Komfortzone geht weit über die Grenzen deines eigenen Selbst hinaus und es ist ein großes Geschenk für die ganze Welt, wenn du sie betrittst! Warum ist das so? Nun wir alle sind, wie das obige Zitat aus dem Potsdamer Manifest[17] verdeutlicht, auf vielen

[17] *Eine von dem bekannten Quantenphysiker Hans-Peter Dürr u.a. verfasste und weltweit von zahlreichen Wissenschaftlern unterzeichnete Denkschrift aus dem Jahr 2005.*

Ebenen miteinander verbunden. Sowohl auf sichtbarer, vor allem aber auf nicht mit den (äußeren) Augen wahrnehmbarer Ebene ist die Individualität des Einzelnen eingebunden in ein universelles Netzwerk, eine Verbindung von allem mit allem. Und indem du deine Komfortzone betrittst und mit der Kraft deines Wohlgefühls dein wahres Potenzial entfaltest, steuerst du in vielerlei Hinsicht Großes zu diesem allverbundenen Feld bei! Schauen wir uns einige Aspekte davon näher an:

Auf einer ganz alltäglichen Ebene können wir zunächst einmal feststellen, dass du, indem du dich um dein eigenes Wohlbefinden kümmerst, den Grundstein für erfülltere und **harmonischere Beziehungen** zu deiner Umwelt legst. Denn nur wenn wir selbst im Einklang mit uns sind, können wir auch anderen mit Mitgefühl und Verständnis begegnen. Deine positive Energie strahlt dann auf deine zwischenmenschlichen Beziehungen aus und wird höchstwahrscheinlich dazu beitragen, Konflikte besser zu lösen, Vertrauen aufzubauen und tiefere Verbindungen zu schaffen. Wie wir im vorigen Kapitel bereits gesehen haben, befindest du dich in ständigem energetischen Austausch mit deiner Umwelt. Und dieser Austausch funktioniert, wie erwähnt, eben nicht nur in die Richtung der niedrigeren Frequenzen, sondern auch umgekehrt! Geht es dir gut und bist du voller Kraft und in einer hohen Schwingung auf *deinem* Weg, so wird sich das unmittelbar positiv auch auf andere Menschen in deiner Welt auswirken.

Meine Frau und ich haben das in unserem eigenen Leben beobachten können, als wir Deutschland verlassen haben und zu Dauerreisenden wurden. So bekam beispielsweise die Beziehung meiner Frau zu ihrer Familie eine neue Qualität: In Situationen, in denen sie früher gestresst reagiert hatte, konnte sie nun aus der Ruhe und im Einklang mit ihrer Essenz handeln. Dies wurde auch entsprechend von ihren Geschwister und Eltern wahrgenommen, die unseren Weg, die Entscheidung, auszuwandern, daher nie anzweifelten, sondern uns darin bestärkten. Wenn du deine Komfortzone findest und betrittst, wirst du beobachten können, wie deine neu gewonnene Klarheit und Strahlkraft auch deine Umwelt und deine Beziehungen bereichert!

Darüber hinaus hat die Kraft deiner wahren Komfortzone aber auch eine positive, transformative Wirkung auf die Gemeinschaft und die Welt im größeren Maßstab. Denn wenn du dich um dein eigenes Wohlbefinden kümmerst und deine Komfortzone betrittst, wirst du dadurch zum strahlenden Leuchtturm und Vorbild für andere! Erinnere dich: Die Bedeutung der eigenen Komfortzonen-Magie erkannt zu haben und entsprechend sein Leben zu gestalten, ist heute noch immer etwas besonderes und hat entsprechend eine starke Signalwirkung - **du bist ein Pionier/ eine Pionierin des Wohlbefindens!** Und deine Handlungen und dein

Lebensstil werden andere Menschen dazu inspirieren, ebenfalls auf ihr Wohlgefühl, ihre Gesundheit, ihre Freude und ihr Glück zu achten. So entsteht nach und nach ein überaus positiver Kreislauf, eine Art Ripple-Effekt, der sich von Mensch zu Mensch, von Familie zu Familie und von Gemeinschaft zu Gemeinschaft immer weiter ausbreitet! Ist das nicht eine geniale Vorstellung und großartige Vision? Die Revolution des Wohlgefühls! Nimm dir einen Moment und versetze dich einmal in eine Welt, in der diese stattgefunden hat! Meine Frau und ich haben uns diese Vision definitiv auf die Fahnen geschrieben und sie ist einer der Hauptgründe, warum dieses Buch entstanden ist.

Ich bin überzeugt: Würde jeder den liebevollen Impulsen seiner geistigen Führung folgen und den Weg in seine wahre Komfortzone einschlagen, hätten wir im Handumdrehen das Paradies auf der Erde! Denn jedes individuelle Paradies ist eine Samenzelle für das große Ganze. In einer Welt, in der jeder seine wahre(n) Komfortzone(n) kennt und darin lebt, gibt es keine Notwendigkeit für Kriege, Ausbeutung oder Missgunst. Wer sich und sein Leben liebt und vollständig glücklich darin ist (beziehungsweise die Strategien kennt, um dies jederzeit zu erreichen), braucht niemandem etwas wegzunehmen oder ihn gar zu verletzen oder zu töten. Warum auch? Dies würde die eigene Schwingung nur unmittelbar drastisch senken und einen so direkt wieder aus der eigenen wahren Komfortzone hinauskatapultieren!

Kennt man jedoch seine wahre Komfortzone nicht oder erlaubt sich (aus den bekannten Gründen) nicht, in ihr zu leben, fängt man an, die Schuldigen für seine Unzufriedenheit im Außen zu suchen, und ist eher bereit, seiner Mitwelt Schaden zuzufügen oder sie auszubeuten, in dem Glauben, so das eigene Unwohlsein irgendwie beseitigen zu können. Dies wird allerdings nie funktionieren, solange das eigene Handeln geprägt ist von einer aus der Angst geborenen Machtausübung über andere anstatt von der liebevollen, schöpferischen Macht über das eigene Leben. Sobald du aber anfängst, liebevoll Macht über dein *eigenes* Leben auszuüben, anstatt zu versuchen, Macht über andere zu haben, trägst du gleichzeitig zur kollektiven Harmonie bei. Machtausübung, welche auf Liebe, Respekt und dem Bewusstsein der unendlichen Potenzialität eines unbegrenzten Universums basiert, ist weitaus wirkungsvoller und nachhaltiger für das eigene Wohl *und* das einer Gesellschaft, als Macht, die auf Basis von Angst manipuliert, kontrolliert und begrenzt.

Harmonie und Wohlergehen können niemals durch Zwang oder Unterdrückung erreicht werden, sondern nur, indem Möglichkeiten für Menschen geschaffen werden, ihr eigenes Potenzial zu entfalten. Manipulative, angstbasierte und kontrollierende Macht hingegen erzeugt Misstrauen und Konflikte. Solche Formen der Machtausübung mögen kurzfristig erfolgreich erscheinen, aber sie führen letztlich immer zu Spaltung und Unzufriedenheit in einer Gesellschaft und damit zu deren Zerfall. Die politische Entwicklung in vielen Ländern der westlichen Welt in den vergangenen paar Jahren ist hierfür im Übrigen ein ziemlich eindrucksvolles Beispiel, das wir alle hautnah miterleben können.

Diese Zusammenhänge sind auch der Grund, warum Kommunismus/Sozialismus als Gesellschaftsform noch nie funktioniert hat (und auch nicht funktionieren kann): Das Wohl einer Gesellschaft ist immer untrennbar mit dem Wohl der einzelnen Individuen verbunden, aus denen sie besteht. **Nur eine Gesellschaft von glücklichen, freien und erfüllten Individuen kann wirklich funktionieren.** Der Schlüssel zum Paradies liegt sowohl in spiritueller als auch gesellschaftlicher Hinsicht nicht in der Überwindung des Selbst (auch wenn das in spirituellen Kreisen noch immer gerne gepredigt wird), sondern, wenn überhaupt, in der Aufhebung der Illusion der *Getrenntheit* der einzelnen Selbste. Hat man dies verstanden, ergibt sich automatisch die logische Schlussfolgerung, dass nur ein Kollektiv glücklicher individueller Selbste ein glückliches Kollektiv ist! Wenn die Bedürfnisse und das Wohlergehen jedes Einzelnen gefördert werden, entsteht ein natürlicher **kollektiver Wohlstand**. Eine Gesellschaft, die auf Zwang, Kontrolle oder Manipulation aufbaut und bei der das individuelle Wohl dem Wohl der Allgemeinheit geopfert wird, funktioniert dagegen langfristig nicht, weil das individuelle Glück unterdrückt wird, was zu Unzufriedenheit, Konflikten und letztlich zum Scheitern des sozialen Systems führt.

Das Finden und Betreten deiner wahren, individuellen Komfortzone ist also nicht nur eine persönliche Entscheidung, sondern geradezu eine gesellschaftliche Verantwortung! Jeder einzelne Mensch, der sich um sein Wohlbefinden kümmert und sein Leben mit der Kraft seiner Komfortzone gestaltet, trägt zu einer glücklicheren und besser funktionierenden Gesellschaft bei. Wir sind dadurch auch besser in der Lage, aktiv an positiven Veränderungen teilzuhaben und gemeinsam Lösungen für gesellschaftliche Herausforderungen zu finden. Davon bin ich überzeugt. Denn eine Gesellschaft, die das Wohlbefinden ihrer Mitglieder fördert, die die Kraft der *individuellen* Komfortzone und ihre positive Wirkung auf das große Ganze verstanden hat, wird automatisch ein Umfeld schaffen, in dem jeder frei sein volles Potenzial entfalten kann. **Der Schlüssel zur Schaffung einer glücklichen und harmonischen Gesellschaft liegt also darin, dass jedes Individuum Verantwortung für sein eigenes Wohlergehen übernimmt.** Die in diesem Buch enthaltenen Techniken und Impulse mögen ein guter Anfang dafür sein.

Auf globaler Ebene kann die Hinwendung zu unserer individuellen Komfortzone, die Revolution des Wohlgefühls, so sogar dazu beitragen, die drängendsten Probleme unserer Zeit anzugehen, sei es soziale Ungerechtigkeit, die Ausbeutung von Mutter Erde oder politische Instabilität. Denn Menschen, die sich um ihr eigenes Wohlbefinden gekümmert und ihre wahre Komfortzone betreten haben, sind auch motivierter, sich für eine nachhaltigere und gerechtere Welt einzusetzen. Sie sind empfänglicher für Mitgefühl und Empathie gegenüber anderen Lebewesen und der Natur. Und sie sind in ihrem Wirken noch dazu erheblich effektiver!

Denn nicht zuletzt dürfen wir uns schließlich auch daran erinnern, dass der Weg in unsere wahre Komfortzone zugleich der Weg zu unserem höchsten Potenzial ist. Das heißt, **indem wir unserem Wohlgefühl folgen, werden wir auch noch genau dorthin geführt, wo der evolutionäre kosmische Strom uns haben will, dorthin, wo wir der Welt am meisten dienen!** Ganz nebenbei liegt darin allein schon eine kleine Revolution: Der Welt zu dienen ist dann nämlich nichts mehr, was unangenehm oder mit Anstrengung und Opfern verbunden ist, sondern etwas, das sich ganz natürlich ergibt, wenn wir unserer höchsten Freude folgen und ganz bei uns selbst ankommen. Was könnte revolutionärer sein?!

Und so zeigt sich also, dass die Kraft deiner wahren Komfortzone eine transformative, ja geradezu revolutionäre Komponente hat, die weit über dein persönliches Glück hinausgeht. Indem du dich um dein eigenes Wohlbefinden kümmerst, trägst du dazu bei, Beziehungen zu stärken, Gemeinschaft zu fördern und die Welt zu einem besseren Ort für alle zu machen. Man kann also sagen, dass es nicht nur eine sehr weise persönliche Entscheidung, sondern eigentlich eine kollektive Verpflichtung ist, durch die Revolution des Wohlgefühls eine harmonische und erfüllte Welt für gegenwärtige und zukünftige Generationen zu schaffen! Wenn du dein Leben aus der Kraft deiner wahren Komfortzone heraus lebst, wirst du nicht nur dein individuelles Paradies erschaffen, sondern zugleich wirkungsvoller, freundlicher, ausgeglichener, kooperativer, inspirierter (und dadurch inspirierender), strahlender, klar denkender, liebevoller und genialer sein. Erst dadurch wirst du um ein Vielfaches effektiver zu einer *wirklich* glücklichen und paradiesischen Welt beitragen und ein wahrer Leuchtturm sein – ein Geschenk für die Welt!

Kapitel 11

Die Natur erinnert dich an deine Natur, oder: Du bist Gott

„Erlaube dir, denjenigen Teil von dir zu berühren,
der die Landschaft bildet, auf der du dein Leben aufbaust.
Dies ist das tiefste Gefühl deiner selbst.“
Stewart Blackburn

Du bist Gott. Ja, genau du, der oder die du diese Zeilen jetzt gerade liest. Du bist Gott. Genauso wie ich, der ich diesen Text geschrieben habe. Genauso, wie dein Nachbar, der vielleicht gerade seinen Hund Gassi führt (der übrigens auch Gott ist). Ja ich weiß: Der Begriff „Gott“ hat gerade in christlich geprägten westlichen Ländern heutzutage einen schweren Stand, weil die Kirchen einfach zu lange zu viel irreführenden „Schutt“ darüber aufgehäuft haben (du erinnerst dich sicher noch an unsere Erforschung des Themas „Schutt“ in den ersten Kapiteln dieses Buches…). Da der Begriff „Gott“ aber einfach dennoch ziemlich nützlich ist, verwende ich ihn gerne. Befreit von all dem Schutt natürlich. Und das bedeutet hauptsächlich: mit dem klaren Bewusstsein, dass es keine Trennung zwischen mir und Gott gibt, genauso wenig wie zwischen dir und Gott. Es gibt nicht nur keine Trennung, es gibt sogar keinen Unterschied. Wenn du bis hierher aufmerksam gelesen und dich dabei in die Worte und

Energie dieses Buches eingefühlt hast, ist dir das vermutlich bereits klar.

Gleich zu Beginn in Kapitel 1 haben wir ja auch bereits festgestellt, dass der Schlüssel zum gesamten Inhalt dieses Buches im Grunde genau in jener großen Erkenntnis liegt: dass wir Gott sind, dass wir göttliche Wesen sind - und als solche selbstverständlich auch in verkörperter Form ein göttliches Leben in unserer höchsten Freude, unserem höchsten Wohlgefühl, in unserer wahren Komfortzone leben dürfen! Es ist gewissermaßen dein (und mein) Geburtsrecht. So als Gott.

Dieses Kapitel ist nun also eine Art Ringschluss und eine Bekräftigung dieser entscheidenden Wahrheit, die auf der Grundlage aller in diesem Buch bislang vermittelten Erkenntnisse für dich jetzt sicherlich besser greifbar ist und leichter in dir wachsen und gedeihen kann als am Anfang. Falls du das noch nicht getan hast, dann spüre also noch einmal in diese Worte hinein: „Ich bin Gott“. Lass sie wirklich einsinken in dein Bewusstsein und versuche, sie anzunehmen als (wenigstens) Möglichkeit. Glaube mir: Es wird alles für dich verändern! Das Bewusstsein deiner Göttlichkeit zu einer selbstverständlichen und präsenten Wahrheit und *Erfahrung* in deinem Leben werden zu lassen, ist gleichzeitig die Grundlage und die „Schnellstraße“ in dein bestes Leben. Geh also den entscheidenden Schritt und fange an, dich selbst und dein großartiges, göttliches

Sein immer öfter und intensiver WAHR-zunehmen und zu erleben! Und lass dich von dieser Wahrheit tragen - geradewegs in die große Kraft deiner Komfortzone! Dieses Kapitel wird dir dabei helfen.

Und somit kommen wir zum Thema dieses Kapitels, das unmittelbar damit zu tun hat und dir eben genau das ermöglichen soll: deine Göttlichkeit sinnlich zu erfahren! Denn über die sinnliche Erfahrung führt der schnellste Weg zur Verkörperung. Und nach meinem Erleben liegt eines der wirkungsvollsten Werkzeuge dafür jederzeit greifbar vor unserer Nase: in der Natur! In ihrer Schönheit und Großartigkeit findest du einen brillanten Spiegel deiner eigenen Göttlichkeit. Nutze ihn sooft es geht.

Das achtsame Naturerlebnis als Spiegel deines Seins

Die Natur hat seit jeher eine tiefe symbolische und spirituelle Bedeutung für den Menschen. Sie ist nicht nur unser Lebensraum, sondern auch ein Ort der Reflexion, Heilung und Wiederverbindung. Denn wenn wir in die Natur eintauchen, erkennen wir eine tiefe Wahrheit über uns selbst: dass wir nicht von ihr getrennt, sondern ein Teil des großen Ganzen sind. In der modernen Welt, wo Technologie und städtische Umgebungen uns zunehmend von der Natur entfremden, sehnen sich viele Menschen unbewusst nach dieser Verbindung. Kein Wunder, denn die Rückverbindung (lateinisch übrigens „*religio*") zur Natur ist ein brillanter Weg, um unser wahres Selbst zu erkennen, unsere innere Größe zu erwecken und eine tiefere Verbindung zum Göttlichen zu finden.

Als Startpunkt und um dir der positiven Wirkungen der Natur auf dich und deinen Weg bewusst zu werden, möchte ich dir vorschlagen, deine Naturerlebnisse ab jetzt in einem Tagebuch festzuhalten:

Übung: Dein Natur-Tagebuch

Nimm dir vor, ab jetzt regelmäßig Zeit in der Natur zu verbringen - mindestens einmal pro Woche. Dies kann ein Spaziergang im Park, eine Wanderung oder einfach das Sitzen auf einer Bank in der Sonne sein. Führe ein Tagebuch über deine Erlebnisse: Wie fühlst du dich vor und nach deinem Aufenthalt in der Natur? Welche Gedanken oder Einsichten kommen dir? Welche Veränderungen nimmst du wahr, wenn du diese Praxis über mehrere Wochen fortsetzt? Dein Natur-Tagebuch wird dir helfen, deine Fortschritte zu beobachten und die kraftvolle Wirkung der Natur auf dein Wohlbefinden zu dokumentieren.

Wenn du magst, kannst du dieses Tagebuch auch zusammenführen mit deinen Aufzeichnungen der Zeichen und Synchronizitäten, die du erlebst (siehe Kapitel 9). Beobachte auch, ob diese zunehmen oder sich verändern, je mehr Zeit du in der Natur verbringst.

Warum sind Naturerlebnisse also so hervorragend geeignet, um zu dir selbst und deiner eigenen Göttlichkeit zurückzufinden? Ganz einfach: In der Natur kannst du die Fülle und Größe wahrnehmen, die dein natürlicher Zustand ist! Die Weite des Himmels oder die Größe des Ozeans spiegeln die innere Größe wider, die deiner wahren Natur entspricht. Wenn du die majestätische Schönheit eines Berges oder die unermüdliche Kraft eines Flusses erlebst, erinnert dich das daran, dass du Teil dieses Universums bist – und damit auch Träger der gleichen Kräfte. Die Lebendigkeit eines frischen Blattes ist auch deine Lebendigkeit und die reiche Vielfalt eines tropischen Waldes spiegelt deinen eigenen inneren Reichtum wieder. Die Natur lässt uns erfahren, dass wir Teil des Ganzen sind – und selbst unermessliche Größe in uns tragen.

Die folgende kurze Übung ist ein guter Ausgangspunkt, um dich von der Natur an deine wahre Natur erinnern zu lassen. Indem du dich mit der äußeren Weite verbindest, kannst du die Weite deines eigenen Bewusstseins und deines göttlichen Seins erleben:

Übung: Weite im Außen – Weite im Innen

1. Suche dir einen Ort in der Natur, an dem du große Weite spüren kannst - beispielsweise ein offenes Feld, eine Bergkette oder das Meer.

2. Setze dich hin und nimm einen tiefen Atemzug, der dich ganz in den gegenwärtigen Moment bringt. Dann betrachte einfach nur eine Zeit lang die Weite um dich herum. Fühle, wie sich ganz von selbst auch in deinem Inneren eine ähnliche Weite öffnet. Denn alles außerhalb von dir ist eine Repräsentation deines Inneren.

3. Lasse deinen Geist frei schweifen in dieser Weite und fühle die Verbindung zwischen der äußeren und inneren Wirklichkeit. Spüre, wie du weit wirst und dich ausdehnst, hinein in deine wahre Größe. Genieße dieses Gefühl solange du möchtest.

Nutze also die Natur, um dich sooft wie möglich an *deine* wahre Natur zu erinnern! Lass dich vom Rauschen des Windes in den Baumwipfeln oder der Schönheit eines Sonnenuntergangs in einen Zustand des bezauberten Staunens versetzen, der über dein Alltagsbewusstsein hinausgeht. In diesen Momenten wird es dir leicht fallen, deine tiefe Verbindung zum Göttlichen, zu dem, was Teil von dir ist und dessen Teil du bist, zu spüren. Immer wenn du Zeit in der Natur verbringst, ihre Wunder wahrnimmst und in dich aufsaugst, kannst du die tiefe Verbindung zu deinem eigenen Wunder, deinem wahren inneren Wesen und zu den kosmischen Kräften in dir und um dich herum fühlen. Diese Verbindung wird dich dabei unterstützen, deine Göttlichkeit immer mehr anzunehmen und deiner inneren Wahrheit und geistigen Führung auf dem Weg in deine wahre Komfortzone zu folgen.

Zudem ist Zeit in der Natur auch sehr förderlich für deine generelle Achtsamkeit, die ja ein so wichtiger Faktor auf dem Weg zu dir selbst ist, wie du aus Kapitel 6 weißt. In der Natur kannst du dich ganz auf deine Sinne konzentrieren, kannst die Geräusche, Gerüche und Texturen um dich herum wahrnehmen und dich ganz auf den Moment einlassen. Dadurch wird auch dein Zugang zu deiner inneren Welt immer klarer und direkter werden, da störende Außeneinflüsse wegfallen. Ein großartiger Nebeneffekt davon ist außerdem ein direkter positiver Einfluss auf dein allgemeines Wohlbefinden: Viele Studien haben mittlerweile gezeigt, dass Menschen, die Zeit in der Natur verbringen, glücklicher und ausgeglichener sind. Wenn du dich regelmäßig der Natur aussetzt, baut das Stress ab, fördert Klarheit und Konzentration und stärkt dein Immunsystem. Nicht umsonst erfreut sich beispielsweise das sogenannte „Waldbaden“ heute zunehmender Beliebtheit. Und wie du als mittlerweile erfahrener Leser dieses Buches ja weißt, sind Entspannung und Wohlbefinden die ultimativen Booster, ja die entscheidenden Voraussetzungen für Schöpferkraft und das Erreichen jeglicher Ziele.

Die folgende kleine Achtsamkeitsübung in der Natur bringt dich in direkten Kontakt mit der göttlichen Energie, die in allem fließt, und erinnert dich daran, dass du selbst ein Ausdruck dieser Energie bist:

Übung: Deine Verbundenheit mit dem Göttlichen spüren

1. Finde einen stillen, angenehmen Ort in der Natur, an dem du dich für einige Zeit ungestört aufhalten kannst. Es kann ein Wald, ein See oder sogar dein eigener Garten sein. Setze oder lege dich hin und nimm ein paar entspannte Atemzüge, die dich ganz in den gegenwärtigen Moment bringen.

2. Mit jedem Einatmen spürst du nun, wie du die Energie der Erde, der Pflanzen und Tiere um dich herum sanft aufnimmst.

3. Mit jedem Ausatmen lass alle Spannungen und Gedanken los und spüre, wie du dich mit allem um dich herum verbindest. Werde dir der Lebendigkeit bewusst, die dich umgibt und durch

dich fließt. Genieße diesen unbegrenzten Austausch frei fließender Energie solange du möchtest

Vom Da-Sein zum Du-Sein – und direkt in dein Paradies

Egal wo und wie du die obigen oder ähnliche Achtsamkeitsübungen zur bewussten Verbindung mit der Natur und dem Göttlichen anwendest, wichtig ist, dass du dir dabei die vollkommene Verschmelzung mit der Schönheit des Augenblicks erlaubst. Die folgende Geisteshaltung, die du dir auch als Affirmation zwischendurch immer mal wieder bewusst machen kannst, hilft dabei:

„Ich erlaube mir, hier und jetzt glücklich zu sein und das Leben bewusst zu genießen!“

Vor ein paar Jahren habe ich auf Facebook ein humorvolles Video gesehen, in dem scherzhaft der „neueste Trend“ auf dem Gebiet der technischen Spielereien präsentiert wurde: die Actual-Reality-Brille! Der junge Mann, der das Gerät präsentierte, war vollkommen begeistert von der „360° Experience“, den „awesome environments“, sowie der „wild interactivity“. Er trug dabei die leere Hülle einer Virtual-Reality-Brille auf der Nase und sah seine Umgebung somit ganz normal mit den Augen - actual reality eben! Wenn du genau und bewusst wahrnimmst und wirklich Eins wirst mit der Lebendigkeit in dir und um dich herum, wirst du feststellen, dass es mannigfaltige Gelegenheiten gibt, dein Da-Sein zu genießen! Und über dieses achtsame Genießen deines Da-Seins wirst du automatisch zu einem genießenden Bewusstsein deines *Du-Seins* kommen, dem bewussten Erleben deiner Essenz! **Mit diesem Du-Sein, dem Bewusstsein dessen, wer du bist und wie es sich anfühlt, DU zu sein, gelangst du direkt zum Kern, aus dem heraus du dein Paradies, dein bestes Leben in deiner wahren Komfortzone kreierst!** Lass uns diesen sehr wichtigen Aspekt hier noch etwas genauer beleuchten. Dazu wollen wir einen kurzen Blick in ein äußerst faszinierendes Kompendium kosmischen Wissens werfen:

In den 70er Jahren veröffentlichte die Amerikanerin Jane Roberts das sogenannte *Seth-Material*, eine sehr umfangreiche Sammlung von von ihr gechannelten Lehren einer geistigen Entität, die sich *Seth* nannte. Diese Schriften geben einen überaus faszinierenden und umfassenden Einblick in die Natur unserer Wirklichkeit und erklären, wie wir sie mittels unseres Bewusstseins erschaffen. In dem umfangreichen Material finden sich auch Stellen, an denen Seth über die sogenannten „*Feeling Tones*" spricht. Diese sind in unserem Zusammenhang interessant, denn sie sind nach meinem Verständnis das, was ich oben als dein *Du-Sein* bezeichnet habe, der innerste Kern, aus dem heraus du deine Welt erschaffst. Lass uns kurz Seth selbst dazu hören:

„Deine emotionalen Gefühle sind oft vorübergehend. Doch darunter liegen bestimmte Qualitäten des Fühlens, die auf einzigartige Weise zu dir gehören und tiefen musikalischen Akkorden vergleichbar sind. Während deine alltäglichen Gefühle Hochs und Tiefs erleben mögen, verweilen diese charakteristischen Gefühlstöne (*Feeling Tones*) darunter. (…) Diese *Feeling Tones* durchdringen dein Wesen. Sie sind die Form, die dein Geist annimmt, wenn er sich mit dem Fleisch verbindet. Aus ihnen, aus ihrem Kern, erhebt sich deine Materie. Alles in deiner Erfahrungswelt hat Bewusstsein, und jedes Bewusstsein ist mit seinem eigenen *Feeling Tone* ausgestattet. In der Entstehung der Erde, wie du sie dir vorstellst, spielt Kooperation eine große Rolle, und so erheben sich die individuellen lebenden Strukturen des Planeten aus dem *Feeling Tone* in jedem Atom und Molekül. (…) Sobald du lernst, das Gefühl deines eigenen inneren Tons zu erfassen, bist du dir seiner Macht, Stärke und Beständigkeit bewusst. Und du kannst, bis zu einem gewissen Grad, mit ihm in tiefere Erfahrungswelten vordringen. Er malt die Farben in der weiten „Landschaft“ deiner Erfahrung. Er ist das unerschöpfliche Gefühl deiner selbst. Mit anderen Worten stellt er

> den Ausdruck deiner selbst in reiner Energie dar, aus der deine Individualität hervorgeht, das Du in dir, dem eine unverwechselbare Identität verliehen wurde, die auf immer einzigartig ist.“[18]

Hier finden wir im Grunde also „in a nutshell“ die Grundlage für die Kreation unserer individuellen, wahren Komfortzone! Das grandiose an den *Feeling Tones* ist nämlich, dass sie uns als eine Art Landkarte oder Kreationskeimzelle dienen können, welche rein und unbeeinflusst ist von hinderlichen Glaubenssätzen und Programmen. Indem du dich mit deinem *Feeling Tone* verbindest, gehst du also sozusagen direkt an die Quelle, deine Natur eben, und kreierst somit aus der Reinheit deines wahren göttlichen Seins heraus! Praktisch, oder?

Und genau deshalb ist die Verbindung zur Natur und dadurch zu *deiner* wahren Natur, deinem *Du-Sein* so wichtig und hilfreich! Dies bringt uns nun auch zu dem Zitat meines geschätzten Lehrers Stewart Blackburn, das ich diesem Kapitel vorangestellt habe. Stewart, der viele seiner Teachings auch auf dem *Seth*-Material aufbaut, sagte einmal in einer Lehrstunde zu uns: „Allow yourself to touch the part of you that is the landscape

---

[18] *Jane Roberts: „The Nature of Personal Reality. Specific, Practical Techniques for Solving Everyday Problems and Enriching the Life You Know“, Session 613. Zitat übersetzt aus dem Englischen von Christoph Hetzenecker.*

upon which you build your life!", also „Erlaube dir, den Teil von dir zu berühren, der die Landschaft bildet, auf der du dein Leben aufbaust". Stewart spricht hier natürlich von den *Feeling Tones* und beschreibt ihre Funktion in seinen Worten. Und seine Einladung an dich in diesem Zitat ist, zum Kern deines *Du-Seins* vorzudringen!

Dazu ist es nötig, dir sooft wie möglich Zeit zu nehmen für dich selbst, am besten in der freien Natur. Zu erkunden, wer du wirklich bist. Und natürlich: zu erkunden, was deine wahre Komfortzone ausmacht! In diesem Buch hast du bereits viele hilfreiche Impulse und Werkzeuge dafür erhalten. Und dieses Kapitel möchte dies nun abrunden, indem es dich einlädt: Entspanne dich sooft es geht an einem schönen Ort in der Natur ganz in deine Präsenz, dein *Du-Sein* hinein! **Spüre, wie es sich anfühlt, DU zu sein!** Dieses Gefühl kannst du dann zum Grundton (*Feeling Tone*) deines Lebens werden lassen. Zur Basis, aus der alles entsteht. **Es ist dieses Gefühl und Bewusstsein deiner Selbst, aus dem heraus du alles kreieren kannst, was deiner wahren Komfortzone entspricht. Es ist sozusagen die Samenzelle deines Paradieses!**

Und ein überaus effektiver Weg dorthin ist nach meiner Erfahrung dein bewusstes Erleben der Reinheit, Größe und Schönheit der Natur. Denn Schönheit umgibt uns überall. Vom kleinsten Atom über Pflanzen und Tiere bis hin zu Galaxien und Sternsystemen ist alles in der Natur in zauberhafter Schönheit und ursprünglicher Perfektion erschaffen. Und: Wenn du bewusst deine Augen öffnest für die Schönheit um dich herum, erkennst du, dass du ein Teil davon bist! Du stammst aus derselben Urquelle wie die wunderschöne Hibiskusblüte, der Sonnenuntergang oder die Sterne am Himmel! Schönheit ist in die Blaupause von allem, was ist, eingewebt. Jedesmal wenn du sie wahrnimmst und dich darüber freust, lässt du sie neu erstrahlen und wirst zugleich an deine Seelenessenz erinnert und spürst: Die Schönheit in dir und um dich herum trägt und inspiriert dich, sie erinnert dich daran, wer du wirklich bist und in jedem Moment sein kannst. Denn du bist diese Schönheit, du bist Gott. Und das Paradies ist in jedem Augenblick manifest - im Innen wie im Außen!

Aus diesem brillanten Spiegel der Schönheit und Göttlichkeit des Da-Seins heraus kannst du dann direkt zu deinem *Du-Sein* vordringen und erkunden: Wie fühlt sich denn *meine* individuelle Facette dieser Schönheit an? Und um dich genau dabei noch besser unterstützen zu können, habe ich folgende mehrteilige Übung entwickelt, mit der ich dieses Kapitel abschließen möchte:

Übung: Notice Beauty, Notice YOU - lass die Natur dich an deine Natur erinnern

1. Mache sooft wie möglich einen Spaziergang in der freien Natur und schau dich dabei ganz bewusst um. Richte deine Aufmerksamkeit entspannt, aber fokussiert auf den gegenwärtigen Augenblick und die dich aktuell umgebende Wirklichkeit. Nimm alles ganz genau wahr: die Farben, Formen, Oberflächenstrukturen, die Geräusche und Gerüche, die Kleidung an deinem Körper und dein Körpergefühl, die Stellung deiner Hände und Füße, wo und wie du Dinge berührst, wie sie sich anfühlen und so weiter. Gib dich dem ganz hin, verschmelze sozusagen mit dem Augenblick.

2. Dann frage dich: Wo kann ich Schönheit entdecken? Nimm alles auf, was Schönheit in sich trägt, und verbinde dich damit. Freue dich darüber. Zusätzlich kannst du mit der Reichweite deiner Aufmerksamkeit experimentieren, indem du dir vornimmst, an einem bestimmten, dir vielleicht schon lange vertrauten Gegenstand in deiner Umgebung heute bewusst etwas Schönes zu entdecken, das du vielleicht bis jetzt noch gar nicht wahrgenommen hattest. Oder du fokussierst dich darauf, in einem ab-

gegrenzten Bereich deines Sichtfeldes bewusst Schönheit zu finden. Nimm dir dazu mal einen größeren, mal einen kleineren Ausschnitt deiner Umgebung vor, beispielsweise eine bestimmte Gruppe von Wolken, eine kleine Ansammlung von Blumen, einen Baum, eine Felsformation oder ähnliches.

3. Wenn du das eine Zeit lang gemacht hast und es dir leicht fällt, Schönheit bewusst wahrzunehmen, dann gehe nun einen Schritt weiter: Wähle ein Detail in der Natur aus, das dir gerade auffällt und das du besonders schön findest. Das kann beispielsweise eine Blüte, ein Blatt oder auch eine bestimmte Lichtstimmung sein. Nimm es wahr, fühle dich ein in dieses Detail, fühle seine Schönheit, fühle seine Göttlichkeit. Und dann nimm die Qualitäten davon in dich auf und fühle sie in deinem ganzen Körper! Fühle die Liebe und Begeisterung darüber und fühle, wie es ist, diese Qualitäten zu verkörpern - denn das tust du!

4. Als nächstes schließe deine Augen und lass ein klares inneres Bild von dem Detail (der Blüte oder was auch immer du gewählt hast) in all seiner Schönheit vor deinem geistigen Auge entstehen. Und dann stelle dich in deiner Vorstellung selbst daneben. Lass nun die beiden Bilder energetisch verschmelzen, eins werden. Du und das schöne Naturdetail werdet (seid!)

eins. Nimm diesen Vorgang deutlich und mit allen Sinnen wahr. Und dann führe die beiden Energiebilder wieder auseinander. Sieh die Schönheit und Göttlichkeit von beiden zusammen und jedem einzeln. Sieh und fühle also DEINE eigene Schönheit und Göttlichkeit! Und dann nimm das strahlende Bild von dir selbst wieder in dich auf. Lass es in deinen Herzraum eintreten und fühle, wie es sich anfühlt. Fühle, wie das Bewusstsein deiner kosmischen Schönheit und Göttlichkeit durch all deine Zellen fliesst. Fühle: Du bist Gott!

Deine Erfahrung der Natur ist also ein hervorragender Weg, um dich an *deine* Natur, dein *Du-Sein*, dein wahres, göttliches Wesen zu erinnern. Indem du dich mit der Schönheit und Weisheit der Natur verbindest, kannst du erleben, dass du nicht getrennt bist vom Universum, vom Göttlichen, sondern im Gegenteil ein brillanter Ausdruck seiner schöpferischen Kraft, die alles durchdringt. Durch den bewussten Kontakt mit der Natur kannst du diese deine Göttlichkeit in dir selbst wiederfinden und dein Leben aus der Keimzelle deines wahren Selbst heraus gestalten, in Harmonie mit dem großen Ganzen und deiner einzigartigen energetischen Signatur. Lass dich von dieser kraftvollen, immer zur Verfügung stehenden Partnerin unterstützen und erinnern: Du bist Natur. Du bist Gott. Und deine wahre Komfortzone ist Ausdruck und natürliche Folge davon!

Kapitel 12

2027 and Beyond: Warum es keine Zukunft ausserhalb deiner Komfortzone gibt

„Weißt du: Ich bin einfach begeistert und
voller Enthusiasmus für das Leben selbst!
Ich bin einer von diesen seltsamen
Menschen auf der Welt, die eine großartige
Zukunft sehen, und empfinde daher viel
Enthusiasmus bezüglich dieser Zukunft.
Tatsächlich hatte ich letzte Nacht einen
kraftvollen Traum, in dem ich diese Zukunft
sah - und sie war wirklich golden.“
Richard Rudd

Unsere gemeinsame Reise in deine wahre Komfortzone neigt sich nun schon langsam dem Ende zu. Du bist aber auch bereits bestens ausgestattet, um jetzt frohgemut alleine weiterzugehen in *dein* bestes Leben, *dein* Paradies, ein Leben in deiner wahren Komfortzone! Zum Abschluss wollen wir jetzt noch einen spannenden und kühnen Ausblick in die Zukunft wagen. Einen Ausblick auf vor uns liegende bedeutende Veränderungen im großen evolutionären Strom der Menschheit. Dessen epochale Richtungsänderung hat längst begonnen und schon in überraschend wenigen Jahren wird sie wohl so deutlich zu Tage treten, dass niemand auf diesem Planeten sich ihr mehr wird entziehen können. Am Ende dieses Kapitels wird dir klar sein, warum es in jener neuen Epoche, deren Anfänge wir bereits am Horizont ganz deutlich heraufdämmern sehen, im Grunde keine Frage mehr sein wird, ob du ein Leben in deiner wahren Komfortzone zu deiner höchsten Priorität machen solltest oder nicht - schlicht und einfach deshalb, weil ein Leben *außerhalb* deiner Komfortzone nicht mehr funktionieren wird! Wie ich darauf komme? Lass es uns gemeinsam herausfinden!

Seien wir ehrlich: Dass sich unsere Welt und die Wege, auf denen wir in ihr erfolgreich und glücklich sein können, gerade massiv verändern, ist dem aufmerksamen und sensitiven Beobachter allerspätestens seit 2020 klar, dem Jahr, in dem das Corona-Virus und der Umgang der Regierungen weltweit damit viele Menschen stark beeinflusst haben, in welcher Weise auch immer. Spätestens seit diesem einschneidenden Jahr dürfte jedem, der zu sehen weiß, klar sein: Altes funktioniert nicht mehr, gewohnte Strukturen erodieren und ganz viel Neues ist am entstehen! Und selbst ein weniger reflektierter oder achtsamer Beobachter wird eingestehen müssen, dass das Jahr 2020 ein sehr besonderes war und die Jahre danach auch nicht wirklich viel „normaler". Da du bis hierher gelesen hast, gehe ich davon aus, dass du bereits eine gute Verbindung zu deiner inneren Stimme und deinem natürlichen Navigationssystem hast und ich dir mit all dem nichts wirklich Neues erzähle… Dein Herz und deine innere

Weisheit haben dir vermutlich schon längst zu ähnlichen Einsichten verholfen. Wir befinden uns in einem epochalen Wandel! Und ich kann dir gleich vorab versichern: Es ist ein Wandel hin zum Paradies auf der Erde - wenn wir es zulassen!

Während der Arbeit an diesem Buch habe ich immer wieder Informationen erhalten, die mich haben staunen lassen und mir zeigten, wie zeitgemäß, relevant und wichtig die Themen dieses Buches sind. Intuitiv hatte ich vieles davon bereits gewusst, und genau dieses innere Wissen hat mich natürlich dazu bewegt, meine Erkenntnisse über die Kraft unserer wahren Komfortzone mit der Welt zu teilen. Aber für meinen oft zweifelnden Verstand war es dann doch immer wieder eine schöne Bestätigung, Texte und Videos zu finden, in denen andere Menschen ihre Gedanken und Forschungsergebnisse schilderten, zu denen sie auf ihre völlig individuelle Art und Weise gekommen waren und die an der Oberfläche zunächst einmal wenig mit „meinem" Thema zu tun zu haben schienen, mir aber bei genauerem Hinsehen recht laut entgegen riefen: „Es ist Zeit! Die Kraft unserer wahren Komfortzone ist genau das richtige Thema zur richtigen Zeit, das jetzt seinen Beitrag zum kollektiven Erwachen leisten soll!"

Diejenige Informationsquelle, die in dieser Hinsicht besonders laut rief, waren die Schilderungen und Vorhersagen der Bewusstseinsforscher Ra Uru Hu und

Richard Rudd bezüglich des Jahres 2027 und seiner Bedeutung für die globale Bewusstseinsentwicklung der Menschheit. Ra Uru Hu (ursprünglich eigentlich Alan Robert Krakower) ist der Begründer des weiter oben bereits erwähnten Human Design Systems. Human Design, von Hu bereits in den 80er Jahren entwickelt, ist ein faszinierendes Werkzeug zur Selbsterkenntnis, das uns zeigt, wie einzigartig jeder von uns ist, und uns ermöglicht, uns selbst besser kennenzulernen. Es vereint altes Wissen aus Astrologie, I Ching, Kabbala und der Chakrenlehre mit moderner Wissenschaft und Genetik. Wie in Kapitel 6 bereits erläutert, kann dir das Human Design System wertvolle Unterstützung dabei leisten, dein wahres Selbst zu erkennen und in deinem vollen Potenzial zu erblühen. In diesem Kapitel wollen wir einen speziellen Aspekt dieses Systems näher betrachten, und zwar seine Aussagen über zukünftige Entwicklungen des menschlichen Bewusstseins und Lebens auf der Erde. Denn Ra Uru Hu spricht in seinen Schriften zu Human Design unter anderem auch über einen bedeutenden kosmischen Shift, der laut seinen Berechnungen im Jahr 2027 stattfinden soll, also quasi vor der Tür steht! Das neue Zeitalter, das damit beginnt, nennt Hu den **Zyklus des Individuums**, eine Bezeichnung, die uns im Kontext dieses Buches aufhorchen lassen sollte.

Der britische Schriftsteller und Mystiker Richard Rudd hat auf der Grundlage des Human Design Systems dann einige Jahre später sein eigenes System kreiert, das eine umfangreiche Weiterentwicklung des ursprünglichen Human Designs darstellt, die sogenannten *Gene Keys*. Auch Rudds System ist ein kraftvolles Werkzeug zur persönlichen Entfaltung und spirituellen Weiterentwicklung. Es basiert auf den 64 Hexagrammen des I Ching und zeigt, wie wir uns durch das persönliche Erforschen unserer genetischen Anlagen weiterentwickeln und in höhere Bewusstseinszustände eintauchen können. Und auch Rudd spricht in seinen Schriften, mehr noch als Hu, von den fundamentalen Veränderungen, die uns menschheitsevolutionär ins Haus stehen und auf die es sich spätestens ab 2027 einzustimmen gilt.

Natürlich gilt auch bei der Beschäftigung mit Human Design und/oder den Gene Keys, wie überall: Gleiche alles, was von außen an dich herangetragen wird, mit deiner „inneren Kontrollstation", der Stimme deines Herzens ab und überprüfe es auf seine Stimmigkeit für *dich*. Auch ich habe dies getan und stimme zwar nicht allen, aber doch vielen Aussagen von Hu und Rudd zu und finde sie überaus nützlich für die individuelle Bewusstseinsentwicklung hin zu unserem wahren göttlichen Selbst. In unserem Kontext wollen wir uns, wie gesagt, besonders mit einem bestimmten, für unser Thema sehr interessanten Aspekt der beiden Systeme befassen, nämlich eben den erwähnten Aussagen über die bevorstehenden Entwicklungen für die Menschheit in Verbindung mit dem Jahr 2027.

Rufen wir uns dazu zunächst noch einmal die oben beschriebenen Ereignisse von 2020 und die damit einhergehende große Einladung zu einem neuen Denken und Leben für die Menschheit ins Bewusstsein, so ist bemerkenswert, dass dieser Einschnitt genau sieben Jahre vor dem von Rudd und Hu prophezeiten Beginn eines neuen Zeitalters und evolutionären Shifts stattgefunden hat. In vielen Kulturen und Religionen gilt die 7 als heilige Zahl, die Vollständigkeit und Verbindung zwischen Himmel und Erde symbolisiert. Die 7 Tage der Schöpfung im Christentum stehen für den göttlichen Zyklus von Aktivität und Ruhe. Im Judentum repräsentiert der siebte Tag, der Sabbat, einen Tag der Heiligung und Erneuerung. Auch in anderen Traditionen wird die 7 oft mit spiritueller Entwicklung und Weisheit in Verbindung gebracht, etwa in den 7 Chakren des Körpers oder den 7 Stufen der Erleuchtung im Buddhismus. Die 7 stellt eine Brücke zwischen dem Materiellen und dem Geistigen dar und wird seit jeher als die Zahl der Transformation und inneren Vollendung betrachtet. Ich halte es daher für mindestens einen interessanten „Zufall“, dass die Menschheit letztendlich also sieben Jahre der finalen Vorbereitung auf die großen Veränderungen einer neuen Epoche erlebt haben wird.

Lassen wir unseren Blick nun etwas schweifen im Bezug auf das Thema der kosmischen Zyklen und Zeitalter auf der Erde, so stellen wir fest, dass tatsächlich zahlreiche spirituelle Traditionen, Mystiker und alte

Kalendersysteme seit langem vorhergesagt haben, was sowohl Rudd als auch vor ihm Hu in ihrer Arbeit verdichten und beschreiben: **Wir befinden uns heute, im ersten Drittel des 21. Jahrhunderts, an einem wichtigen Wendepunkt in der menschlichen Evolution!** Laut Hus und Rudds Berechnungen, lebt die Menschheit aktuell noch in einem Zeitalter, das von ihnen als das „Kreuz der Planung" bezeichnet wird. Dieses läuft seit dem Jahr 1615 und es handelt sich dabei um einen globalen, menschheitsevolutionären Zyklus, dessen übergeordnete Aufgabe es war, unsere Gesellschaft aus den jahrtausendealten Herrschaftsstrukturen der Antike und des Mittelalters hinauszuführen, sie zu erneuern und uns zu vereinen, um im Kollektiv besser und erfolgreicher zu (über)leben. Dieses Zeitalter, das nun gerade zu Ende geht, hat das Fundament für unsere modernen Gesellschaften geschaffen, die auf Verträgen, Abmachungen und gegenseitiger Fürsorge basierten. Es war eine Zeit des Zusammenhalts, in der die Bedürfnisse der Gemeinschaft im Vordergrund standen, und Menschen ihre Fähigkeiten und Ressourcen teilten, um das friedliche Überleben in einer immer dichter besiedelten Welt zu sichern. Diese kollektive Energie hat die Struktur für moderne Demokratien und soziale Netzwerke erschaffen, in denen jedoch das Wohl der Gemeinschaft oft über das des Einzelnen gestellt wurde. Warum dies letztlich nicht hundertprozentig zum Erfolg führen kann, haben wir in Kapitel 10 gesehen. Sicherlich waren die Entwicklungen des „Kreuzes der Planung" menschheitsevolutionär äußerst sinnvoll und wichtig, doch nun darf etwas Neues beginnen. Da „geht noch mehr“, könnte man sagen.

Und so neigt sich jener über 400 Jahre andauernde Zyklus des „Kreuzes der Planung“ nun dem Ende zu und wird laut Rudd und Hu schon sehr bald, nämlich eben bereits im Jahr 2027, von einem neuen Zyklus abgelöst werden – dem sogenannten „Kreuz des Schlafenden Phönix“. Dieses markiert eine völlig neue Ära des Menschseins, in der die vorherrschende kollektive, „stammesmäßige“ Energie von Zusammenarbeit im Sinne eines kollektiven Überlebens von einer viel **individualistischeren Grundenergie** abgelöst werden wird. Du siehst also: Du lebst wahrhaftig in bedeutenden Zeiten des Umbruchs!

Das Jahr 2027 markiert dabei den Übergang zu einer neuen Epoche, einer **Zeit des persönlichen Erwachens und der Selbstermächtigung**. Anstatt nach Sicherheit und Unterstützung im Kollektiv und im Außen zu suchen, wird das Individuum nun vom kosmischen, evolutionären Strom ermutigt, seine innere Weisheit und das große Potenzial seines wahren inneren Wesens, kurz: die Kraft seiner wahren Komfortzone zu entdecken und einzusetzen! Es geht um den Prozess der Individuation, bei dem jeder Mensch lernt, sich auf seine eigenen Instinkte und innere Führung zu verlassen. Dieses kommende Zeitalter könnte man daher etwas zugespitzt auch als eine Ära des „erleuchteten Egoismus“ (im positiven Sinne!) bezeichnen, in der das Wohlergehen des Individuums im Vordergrund steht.

Diese Veränderungen bedeuten auch, dass Strukturen, auf die wir lange vertraut haben, sich zwangsläufig auflösen werden. Institutionen im Außen, denen wir Macht über uns gegeben haben, wie beispielsweise Regierungen und Medien, verlieren zunehmend an Vertrauenswürdigkeit und Bedeutung. Wir können diesen Prozess spätestens seit 2020 bereits sehr deutlich beobachten, und er wird, da bin ich sicher, in Zukunft noch mehr an Fahrt gewinnen. Denn die Grundenergie geht eben weg vom Kollektiv und hin zur Selbstermächtigung des Individuums. Regierungssysteme, kollektive Gesetze, äußere Autoritäten und scheinbar allgemein gültige Ansichten über das Zusammenleben – all das wird sich auflösen, während die Schleier der alten Zeit sich lichten. Alte Machtgefüge und soziale Abmachungen, die das kollektive Überleben bislang gesichert haben, verlieren an Bedeutung. Stattdessen rückt der individuelle Mensch in den Mittelpunkt, der in sich selbst die Kraft findet, sein Leben zu gestalten. **Es liegt eine Epoche vor uns, in der jeder Einzelne vollständig Quelle und Schöpfer seines eigenen Lebens ist!**

Diese Entwicklungen, die bereits jetzt spürbar sind und uns ab 2027 noch viel deutlicher beeinflussen werden, wurden von einigen Kommentatoren natürlich tief missverstanden und ihre Auswirkungen bisweilen in geradezu dystopischen Fantasien beschrieben. Das ist keine Überraschung, denn wenn wir bei der Beurteilung von neuen Informationen ausschließlich auf unseren konditionierten Verstand hören, anstatt auf die Stimme unseres Herzens, erhalten wir oft recht verzerrte Ergebnisse, die mehr oder weniger vollständig abgekoppelt sind von dem, was tatsächlich dahintersteckt. Wir haben bereits viele Beispiele für dieses Phänomen besprochen. Wie du jedoch nach aufmerksamer Lektüre dieses Buches und besonders von Kapitel 10 („Warum deine Komfortzone ein Geschenk für die Welt ist“) sicherlich bereits verstanden hast, sind all die oben genannten Aspekte der Veränderung im evolutionären Strom der Menschheit im Gegenteil überaus positiv und können zu einem Zustand des Lebens auf der Erde führen, den man als paradiesisch bezeichnen kann! Richard Rudd selbst beschreibt die Bedeutung des Jahres 2027 und des damit einhergehenden Wandels denn auch sehr eindrucksvoll mit den folgenden Worten:

> „Nach diesem Datum wird sicherlich nichts mehr so sein wie zuvor. Ab dem Jahr 2027 wird unser Planet allmählich in einen Zustand des Staunens und der Stille eintreten. Zwischen 2012 und 2027 wird ein Kern von erwachenden Menschen die Grundlagen einer neuen Welt legen, die über viele Generationen hinweg diesen Planeten von innen heraus umgestalten wird. Alte Systeme werden zerfallen, wäh-

> rend die neue Ordnung unversehrt in ihrer Mitte aufsteigt. Diese Zeit wird die Phase der **Wiedererschaffung von Eden** markieren, das diesen Planeten nie verlassen hat, sondern als energetische Blaupause immer da war. (…) Zu einem bestimmten Zeitpunkt in unserer Zukunft, jenseits von 2027, werden wir schließlich **das Wunder des bloßen Seins** entdecken. Es wird auf der Erde nichts mehr zu tun geben, außer den Garten zu genießen – etwas, das unsere Spezies bisher nicht geschafft hat.“[19]

Diese Transformation ist keine plötzliche, sprunghafte Entwicklung von heute auf morgen, sondern ein schleichender Prozess, der bereits begonnen hat. Das Jahr 2027 ist dabei lediglich ein prominenter Marker für den tiefgreifenden Wandel in der menschlichen Erfahrung. Es ist die Zeit, in der wir uns von alten Abhängigkeiten lösen und lernen, auf unsere eigene innere Stimme zu hören, um damit zugleich noch mehr in Harmonie mit dem großen Ganzen zu leben!

Lass uns also noch einmal zusammenfassen, welche Potenziale und Chancen dieser große, aktuelle Wandel für dich bereithält! Die Energie des „Schlafenden Phönix“ führt uns zurück zu unserer ureigenen Kraft, un-

---

[19] *Richard Rudd: „The Gene Keys. Embracing Your Higher Purpose“, S. 440. Zitat übersetzt aus dem Englischen von Christoph Hetzenecker.*

serer Essenz und innerem Wissen. Dies bedeutet einen vollständigen Wandel, hin zum Erwachen des Individuums in seiner wahren Authentizität und Selbstbestimmung.[20] Das Zeitalter des „Schlafenden Phönix“ lädt dich ein…

✳ …dir deiner **inneren Kraft und Weisheit** bewusst zu werden, sie zu stärken und sie als Fundament für jede äußere Manifestation zu nutzen.

✳ …eine **tiefe Verbindung mit der Natur** aufzubauen, sie als den Spiegel deiner eigenen Göttlichkeit zu erkennen und dieses Bewusstsein in dein Sein einfließen zu lassen.

✳ …deine eigene **Individualität und Authentizität** mehr und mehr in deinem Leben zu verkörpern, frei von äußeren Erwartungen.

✳ …dein **göttliches Bewusst-Sein** und seine Verkörperung als dein souveränes Geburtsrecht zu erkennen.

✳ …**Authentizität, Selbstverantwortung und Unabhängigkeit** in allen Bereichen deines Lebens zu erreichen, ohne deine innere und äußere Kraft für ver-

---

[20] *Zum Folgenden siehe Ashley Briana: „The Cross of the Sleeping Phoenix & How this is Impacting us Now“, Quelle: https://www.ashleybrianaeve.com/blog/the-cross-of-the-sleeping-phoenix-how-this-is-impacting-us-now*

meintliche Sicherheit oder Abhängigkeit von anderen Menschen oder Institutionen zu opfern.

Die kraftvolle Einladung des großen Wandels, in dem wir uns befinden, lautet also kurz gesagt: **Betritt deine wahre Komfortzone!** Erinnere dich daran, dass du die Schlüssel zu deinem Paradies in deinen Händen hältst (und immer schon gehalten hast)! Werde ein leuchtendes Beispiel für ein authentisches, freies Leben! Sprich deine Wahrheit aus deinem Herzen und deiner inneren Weisheit und lebe dein individuelles *Du-Sein*!

Diejenigen, die sich dieser Veränderungen bewusst sind, mit ihnen zu fließen wissen und in Einklang mit ihrer inneren Führung und Weisheit ihre wahre Komfortzone betreten, werden in dieser neuen Zeit des individuellen Erwachens zu den Leuchttürmen gehören und prächtig gedeihen. Denn wie wir gesehen haben, ist die bevorstehende Epoche des „Schlafenden Phönix" eine Zeit, in der das Individuum sein wahres Selbst erkennen und aus der Keimzelle der eigenen Göttlichkeit heraus ein neues Paradies erschaffen kann - für sich selbst und damit die ganze Menschheit!

Wie das jedoch mit großen kosmischen Zyklen und Veränderungswellen so ist: Wenn wir sie nicht nutzen, sondern uns ihnen widersetzen, werden wir über kurz oder lang sehr wahrscheinlich Schwierigkeiten bekommen. Schlicht und einfach deshalb, weil jene Verhaltensweisen, welche bisher üblich und nützlich waren, nicht mehr in Einklang sind mit den vorherrschenden Grundenergien, aus denen sich unsere Welt formt, und deshalb einfach immer weniger funktionieren. Wenn du dich den oben genannten Aspekten der Veränderung also verschließt, und das bedeutet kurz gesagt eben einfach: wenn du dich einem Leben in deiner wahren Komfortzone nicht öffnest, es dir nicht erlaubst und nicht aktiv erschaffst, dann dürfte es dir zunehmend schwerer fallen, in einer neuen Welt zu leben, die sich weiterentwickelt und verändert hat.

Nimmst du jedoch die Hilfestellungen in diesem Buch an und entscheidest dich dafür, den Schritt zu wagen und die große Kraft deiner wahren Komfortzone in deinem Leben zur Entfaltung zu bringen, wirst du im Einklang mit dem kosmischen Strom mit Rückenwind leicht dahingleiten! Du wirst ein Pionier und eine Inspiration für andere sein, wirst magische Fügungen in dein Leben einladen und genau zur richtigen Zeit am richtigen Ort erfolgreich erblühen - so wie es deinem Seelenplan entspricht und dein Geburtsrecht ist! Denn deine Komfortzone ist, was *du* in Wahrheit bist!

„Jetzt ist die Erntezeit für die Träume der Menschheit,
und wir alle sind hier, um den Wandel zu bezeugen."
(Richard Rudd)

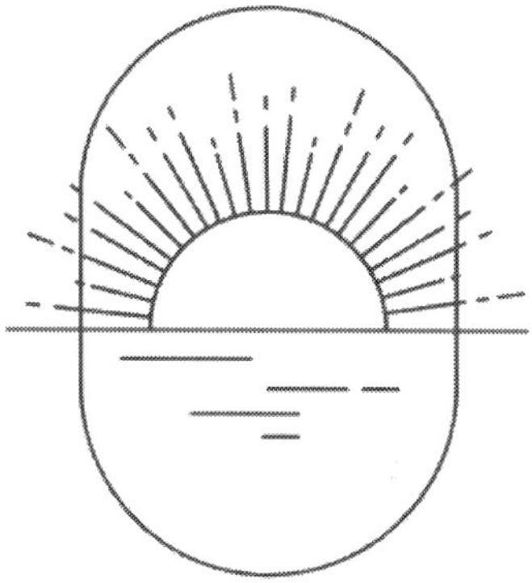

Epilog

Ein Plädoyer für dein Paradies

Wow, ich freue mich so sehr, dass du bis hierher gelesen hast! Denn die Inhalte dieses Buches liegen mir sehr am Herzen (wie du dir wahrscheinlich schon gedacht hast) und ich glaube, dass sie einen ziemlich großen, um nicht zu sagen riesigen Mehrwert bieten. Denn weißt du: Letztendlich hängt *alles* allein von der Kraft deines Herzens, deiner Freude, deiner Liebe ab!

Die Liebe zur Welt, *deiner* Welt, zu der auch deine Mitwelt gehört, die aus der Natur, den Tieren und auch deinen Mitmenschen besteht, ist der entscheidende Schlüssel zum Kreieren einer neuen Wirklichkeit auf einer neuen Zeitlinie. Einer Zeitlinie, auf der eine ganz neue Erfahrung für die Menschheit möglich ist! Deine Fähigkeit, aus vollem Herzen das Leben zu lieben, das Da-Sein zu lieben, das *Du-Sein* zu lieben, ist eine der machtvollsten und höchsten Fähigkeiten, wenn nicht die machtvollste und höchste, die du als verkörpertes Bewusstsein (Mensch) auf diesem Planeten kultivieren kannst.

Der Unterschied, den *du* machst, der Einfluss den *du* auf das Kollektivfeld der Menschheit hast, wenn du dich, dein Da-Sein und deine Welt von ganzem Herzen liebst und genießt, kann gar nicht hoch genug eingeschätzt werden. Du kreierst damit einen Weg, einen

Durchgang - hin zum Paradies auf der Erde! Und deshalb ist es nicht nur für dich persönlich so unglaublich wichtig, dass du die Kraft deiner wahren Komfortzone erkennst und anfängst, nur noch in ihr zu leben - es ist auch ein Dienst an der gesamten Menschheit, ein Beitrag zu ihrer Evolution!

Diese Zusammenhänge gehen weit über die von Ra Uru Hu und Richard Rudd vorausgesagten Entwicklungstendenzen hinaus, die ich im letzten Kapitel beschrieben habe und die wir voraussichtlich ab 2027 menschheitsevolutionär beobachten können. Diese energetischen Tendenzen, so wie ich sie verstehe und fühle, sind sozusagen eine Unterstützung, eine Art kleiner Stupser des Universums, damit sich das große Ganze, der kosmische Heilsplan für die menschliche Erfahrung in die richtige Richtung weiterbewegt. Damit *du* anfängst, die Kraft deiner wahre Komfortzone zu erkennen und zu nutzen. Denn *dein* Paradies, erschaffen durch diese Kraft, ist es, was den evolutionären Sprung der Menschheit nährt und ermöglicht!

Woher ich das weiß? Ich weiß es nicht nur, ich fühle es. In meinem Herzen, in all meinen Zellen. Und ich habe in diesem Buch alles niedergeschrieben, was das Leben, meine innere Stimme und das göttliche Bewusstseinsfeld, dessen Teil wir alle sind, mich zu diesem so entscheidend wichtigen Thema bis jetzt gelehrt haben. Auf dass es dir nützen und dich inspirieren möge, *deine* wahre Komfortzone, *dein* Paradies *jetzt* zu betreten –

und damit ein strahlender Leuchtturm auf dem Weg in eine neue Welt zu sein!

Herzlichen Dank dafür, herzlichen Dank für dein Sein!

In Freude und Liebe,

Christoph

Hat dir das Buch gefallen? Dann teile es mit der Welt und lass eine **Rezension auf Amazon** da! Du würdest mir damit eine große Freude machen und dem Buch helfen, die große Kraft unserer wahren Komfortzone bekannter zu machen! Danke von Herzen!

Printed in Poland
by Amazon Fulfillment
Poland Sp. z o.o., Wrocław

49055265R00157